智元微库
OPEN MIND

成 长 也 是 一 种 美 好

INSPIRE

KIDS TO

EXPAND

HORIZONS

AND

THINK
BIG

世界是我们的课堂

培养孩子面向未来的核心竞争力

张华 著

人民邮电出版社

北京

图书在版编目（CIP）数据

世界是我们的课堂 ：培养孩子面向未来的核心竞争
力 / 张华著. -- 北京 ：人民邮电出版社，2021.6
ISBN 978-7-115-56487-0

Ⅰ．①世… Ⅱ．①张… Ⅲ．①少年儿童－素质教育
Ⅳ．①G40-012

中国版本图书馆CIP数据核字(2021)第075062号

◆ 著　　　　张　华
　 责任编辑　张渝涓
　 责任印制　周昇亮
◆ 人民邮电出版社出版发行　　　　北京市丰台区成寿寺路 11 号
　 邮编　100164　　电子邮件　315@ptpress.com.cn
　 网址　https://www.ptpress.com.cn
　 天津千鹤文化传播有限公司印刷
◆ 开本　880×1230　1/32　　　　　拉页：1
　 印张：10.625　　　　　　　　　　2021 年 6 月第 1 版
　 字数：280 千字　　　　　　　　　2025 年 9 月天津第 18 次印刷

定价：68.00 元

读者服务热线：（010）67630125　　印装质量热线：（010）81055316
反盗版热线：（010）81055315

献给我的太太湘湘和儿子小报、佑佑、多多

你们让我活出了第二生命

让孩子赢在终点线上

空间、时间与人间

2021 年 3 月，老朋友胡润邀请我出席他举办的"胡润全球经济新格局论坛"。主持人王牧笛问我："从你的视角来看，在'后疫情时代'，教育行业的所谓'新'，新在哪里？"

这是一个即兴问题。我的脑海里迅即闪现的词语是新空间、新时间。所谓新空间，是指人类历史上第一次出现大规模的"网课"，2020 年成了真正的互联网教育元年，全世界的学生都开始适应线上与线下相结合的学习方式。

所谓新时间，是指许多家庭的移民与子女留学计划均受到了影响，他们重新制定时间规划，但一个不变的需求是国际化教育。这又使得一些学校或主动或被动地提前转型升级，一些民营资本更是借机出海收购优质教育资产。

"但我现在想在新空间和新时间之外，加上一个'新人间'，"我对主持人说，"这里的新人间，是指疫情期间父母与孩子有了更多的相处机会，所以得以蹲下身来近距离了解自己的孩子——他们真正的特质，他们内心的声音，他们眼中的世界。"

亲子关系三重奏

我是 3 个男孩的父亲。疫情期间，我与他们朝夕相处了几个月，家里的"剧情"可谓反转又反转。如果用 3 个关键词来描述，那就是从咆哮到契约再到亲密。

第一阶段，咆哮。面对家里经常是硝烟弥漫、战斗现场的情形，面对孩子们上网课不够专注的现状，我们软硬兼施，时有咆哮，但都没有用。爱玩耍是孩子的天性。

我最后找到的"药方"是引导孩子自己进行时间管理。如果能把时间管理的一些法则潜移默化地传递给孩子，很多问题可能就会迎刃而解。

于是进入第二阶段，契约。这里既包括他们对学习和游戏时间的自我管理，也包括对家庭活动，譬如做家务以及在所有家庭成员共同挑战一件"难事"时要遵守的规则（第 7 章有详述）。我循循善诱，有时还会陪他们一起玩电子游戏，甚至让他们教我玩游戏，以此建立信任感和开放平等的家庭氛围。

第三阶段，亲密。我采取了两项措施。第一项措施是"最强背景音"。我不经意间播放少年商学院旗下的通识课"少年知识星球"，将它当成构筑孩子知识体系的一个工具。这些课程内容涉及两次世界大战、太空旅行课与人物传记等。打动人的内容自然而然地会吸引孩子的注意力。此时，我加码采取的第二项措施是幽默教养法。这是我自己总结的家庭教育方法。如果说这是个学名，那么它的俗称是"装疯卖傻"，即和孩子们一起用舞台剧的形式把一些故事表演出来。

这时你会发现，你和孩子的关系不断升华。想想上网课初期，你和他是在作战，现在，你们可能还在"作战"，但此"战"非彼"战"。这种沉浸式的教养方法不仅对孩子性格的塑造很有益处，还会提升孩子的思辨力。

"赢者的诅咒"

想想我们这一代人 30 年前上学的样子。那时的我们，对世界的认知是非常有限的。一本画册能让我们如饥似渴，一次赶集能让我们期盼许久。没有人告诉我们从小发展兴趣爱好的重要性，如果有，那也是对于学习与考试的兴趣。我们就像"I"型少年，在升学的路上摸黑前行，一路走到底。

今天的孩子一出生就是"苹果世代"，他们是数字时代的原住民。他们天然就是或者应该成为"T"型少年。他们获取知识与优质教育资源的便捷程度，远非我们当年所能比。他们好奇心爆棚，思维开阔，从不愿被"矮化"。

然而，今天的父母却一点也没有更轻松。一方面是因为养育孩子的成本高昂；另一方面的原因则在于，担心孩子"全面发展"了，最后考试成绩不佳，"竹篮打水一场空"。所以，疫情期间出现了一种特别奇怪的现象：越是孩子有了更多的时间去发展自己的兴趣爱好，越是有更多的父母把孩子送到补习机构，把孩子的时间都填满。

这似乎是新时代"赢者的诅咒"。大量父母毕业于名校，可以说是今天的"赢者"，却也逃不开付出更高"投标价格"的怪圈。在心理机制的影响下，大家都在担心"别人家的孩子"都去补习了，而自己的孩子掉队了。"学习机器"的代际传承可能就是这样形成的。

这一怪现象的出现，是因为"让孩子赢在起跑线上"这一思想在作祟。

真正智慧型的父母，应该秉承的是"让孩子赢在终点线上"的理念。拆解这句话有以下 3 层含义。

> » 一是"终点线"，即以终为始，把培养孩子感知和追求幸福人生的能力当成目标。
> » 二是"赢"，赢谁？赢自己。赢什么？赢得知识的丰盈、能力的提升、人格的健全。
> » 三是"让孩子"，即及时牵手、适时放手，敢让孩子做自己。

软实力，才是硬核力

如果在 2013 年以前说"让孩子赢在终点线上"，一定会被人说"站着说话不腰疼"，甚至连我自己也底气不足。但是过去 8 年，我做了一场"九死一生"的实验，现在可以负责任且放心地说出这句话。

这个实验，就是创办少年商学院。这是一场今天被许多人称作"先见之明"但只有我自己知道其实是"无知者无畏"的实验。实验包括两个模块。一是调研模块。我想知道，那些不上补习班的孩子，他们到底在干什么。二是实践模块。我想知道，深耕国际化素质教育的少年商学院，如何才能与众不同，并打破"据说中国创业公司平均寿命只有 2.9 年"的宿命。

这两个问题都指向同一个答案——让世界成为我们的课堂，培养孩子面向未来的核心竞争力。

所谓"世界课堂"，同样包括 3 个维度——时间、空间与人。

> » 时间维度是指历史上的经典名著与世界名校通识课。
> » 空间维度是指任何物理场景及线上与线下相结合的探索学习。
> » 人的维度是指包括但不限于科班出身的各行各业专业人士。

而所谓"面向未来的核心竞争力"，则是本书前 8 章的 8 大关键词——做有根的"全球公民"、阅读力与表达力、信息技术与数理能力、适应性与探索力、分析与创造力、领导力与团队合作力、心智习惯、善良与诚实。

《世界是我们的课堂》是我作为一位创新教育工作者创办少年商学院 7 年来的整套体系（从价值观到方法论）的全景式分享；也是我作为一位父亲 10 多年来家庭教育心得的和盘托出。其对象是像你一样注重孩子综合素养与健全人格培养，以及追求终身学习力提升的父母或教育工作者。

我希望你看完这本书后，能够在以下 4 个方面中的某一个或多个方面有些许收获。

> » 从一定程度上了解全球正在进行的教育变革、创新案例及未来趋势。
> » 了解关于培养孩子面向未来的 8 大核心能力与素养的详尽分析与实操方法。
> » 了解关于高效陪伴孩子、促进亲子关系的家庭教育亲历故事拆解与误区提醒。
> » 了解关于孩子平衡课内外时间、精力分配，以及培养积极心态与健全人格塑造的策略建议。

多关注"冰山之下"

出版于 1945 年的《哈佛通识教育红皮书》中写道，哈佛通识教育的目的是培养完整的人（Whole Man），而"完整的人"即我们说的"全人"，等于"好人（Good Man）+ 正直的公民（Good Citizen）+ 有用之人（Useful Man）"。

中国近代教育思想家陶行知先生说，教育的核心是培养健全人格，

"所谓健全人格须包括：私德为立身之本，公德为服务社会国家之本；人生所必需之知识技能；强健活泼之体格；优美和乐之感情。"

如果用一张图来表示，全人教育的培养目标就如同一座冰山（见图0-1）。冰山上是比较显性的目标，是要帮助孩子掌握各种知识与技能，但不仅仅是我们理解的成绩和分数。

水面下的则是常被忽略的核心能力和底层品格。前者是培养孩子的"元能力"（即能力的能力），包括全球视野、领导力、决策能力、沟通能力、适应性、数理能力、思维习惯、批判性思维，后者则是全人教育的核心目标——培养孩子内在的"品格"，而这也是拥有幸福美好人生的关键和基础。

总的来说，冰山最上面是能看到的各种知识和技能，但这只是冰山的一角，而隐藏在水面之下的才是孩子成长道路上最重要的素养。

2019年，我们对少年商学院学员（以下简称"少商学员"）群体做了一个抽样调研，结果非常令人欣慰。

» 学习兴趣：96.2%的少商学员称自己最大的收获是找到了兴趣，也激发了学习自驱力。
» 升学留学：91.8%的少商学员后来都进入了理想的国际化高

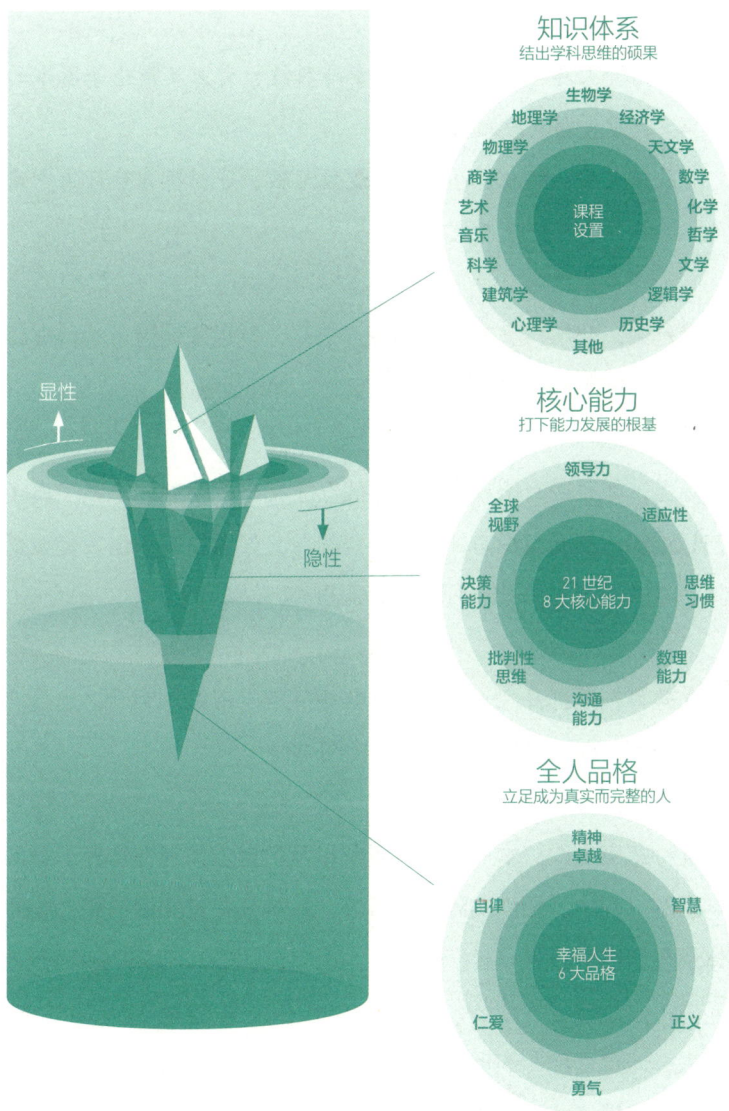

知识体系
结出学科思维的硕果

生物学
地理学　经济学
物理学　天文学
商学　数学
艺术　化学
音乐　课程设置　哲学
科学　文学
建筑学　逻辑学
心理学　历史学
其他

核心能力
打下能力发展的根基

领导力
全球视野　适应性
决策能力　21世纪8大核心能力　思维习惯
批判性思维　数理能力
沟通能力

全人品格
立足成为真实而完整的人

精神卓越
自律　智慧
仁爱　幸福人生6大品格　正义
勇气

显性

隐性

图 0-1　少年商学院"全人教育"冰山模型图

中或大学，并且表现优异。

» 国内外大赛：83.7% 的报名参与科技、商业及辩论等赛事的少商学员顺利脱颖而出。

» 最强大脑：80.9% 的报名《最强大脑》等创新类节目的少商学员，表现抢眼或快速晋级。

也就是说，非学科类的学习与探索之旅，反过来促进了学科成绩的提升，这也再一次印证了：软实力，才是硬核力。

实际上，如果说有所谓的"起跑线"，父母的格局才是孩子真正的起跑线；其实也没有什么"终点线"，如果说有，也只是激励我们养成长期主义思维习惯的工具罢了。

全人教育，是打开今天中国父母焦虑症结的最好的钥匙，也是培养孩子面向未来的核心竞争力之定海神针。

从某种意义上说，本书也是关于父母及教育工作者在培养子女和学生的过程中，如何实施全人教育，系统优化其知识结构、能力体系与品格塑造的一套行动指南。

过去，课堂是我们的世界；现在，世界是我们的课堂。让我们一起踏上这趟"世界课堂"的探索之旅。

做有根的"全球公民"

1

虽然世界变得更加相互关联，但威胁因素始终存在。全球公民教育（GCED）的作用，就是让所有年龄段的学习者了解这些是全球性的，而不是地方性的问题，并成为更和平、宽容、包容、安全和可持续社会的积极倡导者。

——联合国教科文组织

世界名校的共识

从哈佛大学与清华大学的新生特征说起

顶尖名校都青睐什么样的学生？每年开学季，哈佛大学校报《哈佛深红报》（*The Harvard Crimson*），都会对进入校园的新生进行详尽的问卷调查，主题包括平均学习时长、学术兴趣、领导力培养及日常社交生活等。

2020 年由于全球疫情肆虐，申请哈佛大学的人数下降 7%，最终录取率为 4.92%。被录取的学生中有 81% 的人接受了录取通知书，但其中 20% 的新生选择了推迟一年入学。

《哈佛深红报》收集了 1083 名哈佛大学 2024 届（即 2020 级）新生的资料和问卷回答（约占学生总数的 76%），通过总结归纳要点，我们可以看看哈佛大学新生的人物画像。

○ 超半数学生中学时期每周的学习时间不超过 30 小时

与我们印象中的传统学霸不同，哈佛大学的学霸们每周用在学习上的时间较少，只有 2.6% 的学生超过 50 小时。与前 7 年相比，该数据在逐渐降低，2020 年是历史最低。这说明，把大部分时间用在学习上并非取得令人满意的成绩的必要条件。

相反，有 80.4% 的学生每周学习时间在 30 小时以下，日均不到 5 小时，这提醒我们，高效利用学习时间比"勤奋"更重要。

○ 超八成学生把课余时间花在社区服务上

社区精神是美国重要的文化基因。哈佛大学教育学院曾在一份报告中这样写道："提倡更有意义地帮助他人，参与社区服务和与社会共同利益相关的活动。"在最近几年的新生特征中，这种趋势也越来越明显（见图 1–1）。

相比往年，2024 届哈佛新生在社区服务中更加活跃。87.1% 的受访者表示最受欢迎的高中课外活动是社区服务，这一数据较

活动	占比
文化联谊会 Cultural and Affinity Clubs	30.0%
宗教团体 Religious Clubs	10.0%
视觉艺术 Visual Art	20.0%
辩论会 Debate	20.0%
数学俱乐部 / 竞赛 Math Clubs / Competitions	24.3%
新闻报道 Journalism	31.4%
戏剧 / 表演艺术（非音乐） Drama / Performing Art (Non-Music)	31.4%
政治俱乐部 Political Clubs	10.0%
模拟联合国 Model UN	12.9%
社区服务 Community Service	87.1%
语言俱乐部 Language Clubs	30.0%
音乐俱乐部 / 乐队 Music Clubs/Bands	51.4%
科学俱乐部 / 竞赛 Science Clubs/Competitions	18.6%
模拟谈判 Mock Trial	8.6%
体育运动 Athletics	51.4%
学生会 Student Government	35.7%
学术智力碗 / 竞赛 Academic Quiz Bowl / Decathlon	7.1%

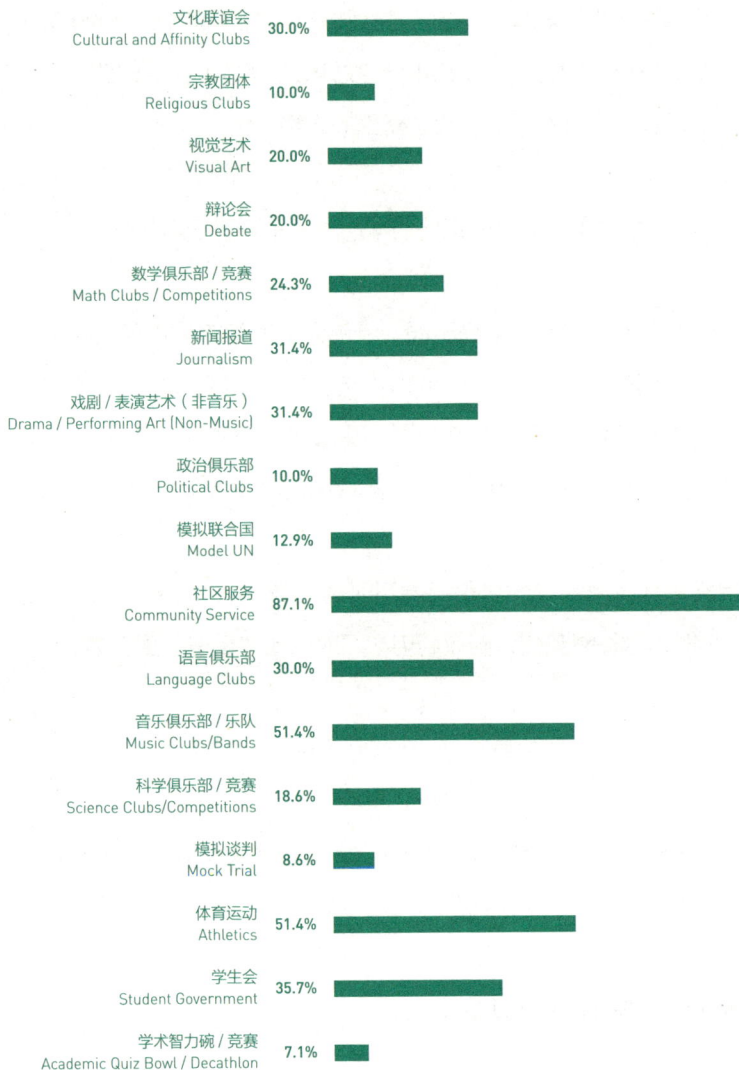

图 1-1　哈佛大学 2024 届新生高中时期课外活动选择占比图

2023 届大幅增加。其次是参加体育运动和参加音乐俱乐部 / 乐队的，均占 51.4%，参加学生会的占 35.7%。

在课外活动中，选择戏剧 / 表演艺术（非音乐）和新闻报道的均占 31.4%，参加数学俱乐部的只占 24.3%，参加科学俱乐部 / 竞赛的占 18.6%。而在 2019 年，参加数学俱乐部和科学俱乐部的占比都是 32%，戏剧与新闻报道则占比不高。这种变化也说明课外喜欢文理活动的学生比例出现了变化。

○ 近七成学生在高中担任过至少 1 个领导者角色

领导力向来是哈佛大学、耶鲁大学等名校在招生中极为看重的素质之一，在受访的新生中，只有 12.6% 的学生没有担任过领导者，27.5% 的学生担任过一项课外活动的领导者，多名受访者（24.7%）表示他们在高中时担任过两个社团的负责人。71.2% 的受访者表示他们在高中时担任 1~3 个社团的负责人，真正地保证了学习与社团活动两不误。

○ 八成学生有很强的学习自驱力

高中时期的学习时长较少并不代表这些学霸的学习意愿不强；相反，他们进入大学后显示出强大的自驱力。47% 的哈佛大学新生表示希望在大学每周学习 30 小时以上，35% 的新生认为自己每周要学习 20~30 小时。

比起父母的期望，哈佛大学学生的学习压力主要源于自身。79%的受访者的压力来源是自我期望，受到来自外界压力的学生只占11%。这意味着，内在驱动力远比外力更有效。

○ 社会科学成为新热门，艺术、人文比例 8 年来持续下跌

相比上一年的调研结果，社会科学依旧取代工程及应用科学（24.8%）成为最受欢迎的专业，占受访者的 39.1%；另外有28.9% 的学生选择科学专业，这个数据相比往年有所降低；只有6.9% 的学生选择艺术、人文相关研究，比起 2019 年的 9.8%，这类学科呈现越来越冷门的趋势。《哈佛深红报》指出："2024 届学生也加入了轻视艺术、人文学科的大潮，这是 8 年来的最低比例。"

说完哈佛大学的报告，再来看清华大学的情况。虽然清华大学没有《哈佛深红报》那种详尽的新生调研报告，但在学校公布的一些数据中，也有非常值得圈点的内容。

同样以 2020 年为例，清华大学共计录取学生 3500 余人（其中未统计我国港澳台地区录取人数）。其中，理工类考生占比 62.3%，文史类考生占比 7.2%，艺术类考生占比 6.9%，来自高考综合改革省份的考生（不分文理）占比 23.6%；通过"强基计划"录取

新生 939 人；另外录取了来自全球 49 个国家和地区的国际学生 300 余人。

详读清华大学对外发布的提及招生趋势和新生特征的文档，可以提炼出以下 4 个核心信息。

> » 充分尊重学生的兴趣特长与自主选择权。
> » 打破学科界限，促进交叉型人才的选拔。
> » 胸怀天下、热爱清华，具备创新潜质，综合素质全面。
> » 在专业之外，更加注重学风、育人理念与价值观。

可圈可点的另一点是，清华大学还公布了一些新生报考与入学的心路历程。譬如学生刘某青睐"坚定家国理想"，选择了强基计划致理书院；学生赵某"得知清华首次开设计算机与金融双学士学位项目时激动不已"；学生钟某非常喜欢"无体育不清华"的体育传统……

整体而言，清华大学在不断地向世界顶级名校看齐，更加注重通识教育，关注学生个性发展、探索精神与职业生涯规划。作为中国著名学府，清华大学非常注重向学生传递"中国根文化"。

疫情过后，培养有根的"全球公民"，越来越成为世界名校的共识。

世界名校录取标准的变与不变

以上数据揭开了名校学生的面纱。受疫情的影响，世界各大名校在录取新生时发生了一些变化，但是总体上新生数据及特征相比以往并没有太大的变化。新生核心素质表现在：比起过人的智商，他们的优秀始终来自超强的内在驱动力和自主学习力。

这些分析对中国家长最重要的一点启发是，在世界名校关于优秀人才的评估体系里，学术能力其实并不是最重要的。相比学习好，有特点更重要。

譬如，哈佛大学的录取率不到 5%，但是在近 3 万名候选人中，70% 以上的人基本达到了哈佛大学的学术标准。这 70% 的人并没有得到哈佛大学的青睐，原因就如《哈佛通识教育红皮书》所言："教育的目的是培养完整的人。"

世界名校的录取标准更像一个漏斗。用学业成绩评估一批人，是为了保证录取的学生有能力完成学业，接下来的指标是为了判断，这名学生除了学业，有没有在某一领域拥有持续的热情、专长以体现其在某种领域的思维能力、是否具有鲜明的个性，且知道自己是谁，以及想成为一个什么样的人。

北京大学考试研究院院长秦春华曾遍访哈佛大学、斯坦福大学等世界一流大学，他曾疾呼：所谓科学素养，不是怎样学科学、怎样考高分，而首先是学校及家长一起，呵护孩子的科学信仰与探索精神。

他的女儿在5岁时迷上了《西游记》，每天非要看一集才肯睡觉，整天一副若有所思的模样，还会冷不丁地问妈妈："为什么孙悟空看到的是妖怪，唐僧看到的却是孩子、老人和女人呢?"

"毫不谦虚地说，就凭这一问，我的女儿几乎就有资格进入北京大学，因为大学招生中所有要考查的核心要素，诸如好奇心、想象力、批判性思维乃至哲学思辨等，都包含在这宝贵的一问中了。"他半开玩笑半认真地说。

综合多种因素来选拔学生，这实际上很像风险投资。学校在选拔学生时，挑的是基本面不错但是有特点、有潜能、有成长性、未来有更大概率取得成功的人，而不是成绩最拔尖的那一批。

大一最重要的课程其实是通识课，各大名校新生入校后，不必急着选专业。他们在众多课程中做选择，找到自己真正的兴趣爱好和未来的发展方向。在一些极端的案例中，有的学生到了大三甚至大四才选定专业。

有人可能会觉得太晚选定专业有些荒诞，替这类学生着急，但是站在更长的时间维度看，此时此刻，慢就是快（Slow is fast）。中国有句老话说："男怕入错行，女怕嫁错郎。"其实，不管男女，都怕入错行。

到底应当培养孩子的哪些能力

顶级大学之外，美国的知名高中也在行动。近百所知名的美国顶尖私立高中在 2017 年成立了"能力素养成绩单联盟"（Mastery Transcript Consortium，MTC），并创建了全新的学生评价体系。该评价体系没有具体的分数和等级，而是通过持续的追踪记录评估学生的能力和素养，其中包括 8 大能力（见图 1-2），共 61 项子能力。

简单来说，美国高中的校方觉得它们的"高考"——SAT[1] 考试倾向于应试教育，于是它们抱团改革。联盟中的每所学校，针对学生在校学习与创新实践展示的这 8 个方面的能力进行记录，每学期、每学年进行评估并建立档案。它们希望，在大学录取新生过程中，

---

[1] 美国高中毕业生学术能力水平考试，也称"美国高考"，是由美国大学理事会（College Board）主办的一项标准化的、以笔试形式进行的高中毕业生学术能力水平考试。其成绩是世界各国高中毕业生申请美国高等院校入学资格及奖学金的重要学术能力参考指标。——编者注

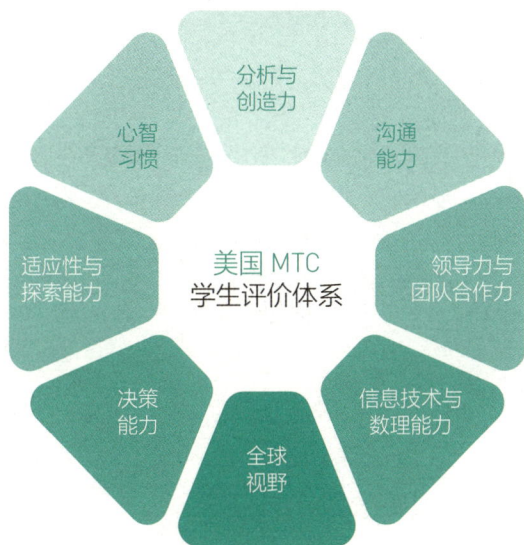

图 1-2 美国 MTC 学生评价体系

这份档案和 SAT 成绩共同成为大学评估学生的准则。

这些著名中学希望被大学录取的学生更加全面、优秀，与哈佛大学、耶鲁大学等常青藤大学对新生的要求和人才评价标准相匹配，更长远的目标则是影响或倒逼美国大学申请系统和录取方式的改革。

同样是在 2017 年，美国中学入学考试（Secondary School Admission Test，SSAT）新增了一项内容——性格测试

图 1-3　美国中学入学考试性格测试系统

（Character Skills Snapshot，CSS），非常多的美国高中开始将 CSS 性格测试结果作为考核和录取学生的重要参考指标。

图 1-3 展示了性格测试所包括的 8 个方面的要点，分别为好奇心、自控力、沟通与适应能力、协作力、责任心、开放的思想、抗压能力、行动力。

测试的内容有选择题和情景决策题，譬如是否有拖延症？和小伙伴发生矛盾或摩擦时，通常会怎么做？

如果说聪明人在做选择题时可以揣测出题者的意图，然后选择"正确答案"，那么情景决策题就没有标准答案了。比如"在学校外面看到一个小女孩在哭，你会怎么做？"其列出来的 4 个选项都是合理的做法，学生要填写或选择。再如，一位同学做了某个行为，你如何理解或把握"告诉"和"告密"的边界？

停止应试与素质教育的对立二分

2021 年"两会"期间，江苏省锡山高级中学校长唐江澎的一段话在互联网上刷屏了。

> 学生没有分数就过不了今天的高考，但孩子只有分数，我看恐怕也赢不了未来的大考。一个学校没有升学率就没有高考竞争力，但是如果我们的教育只关注升学率，国家恐怕也就没有了核心竞争力。优秀的教育就应该是培养终身运动者、责任担当者、问题解决者和优雅生活者，给孩子们健全而优秀的人格，赢得未来的幸福，造福国家和社会。

唐校长阐述的，其实围绕的是 2014 年 3 月 30 日教育部研制印发的《教育部关于全面深化课程改革落实立德树人根本任务的意见》中，关于"核心素养"的核心理念。

2016 年 9 月 13 日，《中国学生发展核心素养》总体框架正式发布。这是关乎课标修订、课程建设、学生评价等众多教育工作的一个纲领性文件。文件要求，新时代的教育关键在于培养"全面发展的人"，培养学生适应终身成长和社会发展需要的必备品格及关键能力（见图 1–4）。

图 1-4　《中国学生发展核心素养》总体框架示意图

在图 1–4 中，最中间的是"全面发展的人"，即我们常说的全人。以此为核心，包括文化基础、自主发展、社会参与 3 个部分，子项目包括人文底蕴、科学精神，学会学习、健康生活，责任担当、实践创新。这 6 大素养，具体又可细化为 18 个基本要点。

以前人们说"学好数理化，走遍天下都不怕"，现在有人认为"有了 6 大核心素养，走遍天下都不怕"。仔细查看这个框架示意图，尽管它没有 MTC 的 8 大能力评估系统细致，两者却是异曲同工、殊途同归。从这一点来说，中国的基础教育体系正在与国际接轨。

问题在于：纲领性文件早在 5 年前就发布了，为什么唐校长在 5 年后阐述这段话时才让无数家长深表认同？有人说，是因为"两会"的独一无二性，是因为唐校长通俗易懂的口语表达，以及 5G 时代到来、短视频流行等。

也有人说，是因为贯彻"中国学生发展核心素养"理念在过去 5 年"雷声大、雨点小"。

此后的"南京一中事件"再次引发家长的热议。

2020 年高考成绩出来之后，南京一中发布喜报，称学校高考一本率达到 95.34%。让人意外的是，不少家长却称"一中不行""校长下课"，原因是，家长认为学校搞素质教育导致"落后"——南京二十九中的一本率达到 96.13%，而且高分学生也比南京一中多。要知道南京一中是南京的"老四所（四大）"啊！

最后，南京一中发布了《告 2021 届高三家长书》，这被外界理解为"低头道歉"。有人说，这是素质教育的失败，是向应试教育低头；也有人称这是"核心素养"很难成为"核心"的尴尬例证。

解决这一理解分歧，核心在于明白素质教育和应试教育并非对立的。而人们之所以将其对立，是因为不少人把素质教育定义为不重视成绩或不用考试的"快乐教育"。

李镇西被誉为"中国的苏霍姆林斯基式教师"，他曾在公众号"镇西茶馆"上撰文，以自己带高三毕业班的亲身经历坚决表明：素质教育绝不会妨碍高考成绩。在他看来，高考考不好，不是素质教育的失败，只能说明素质教育搞得还不够好。

在我看来，素质教育有两个维度：一是成绩与学习兴趣、综合能力齐头并进；二是注重孩子的个性化发展。一言以蔽之，素质教育的本质就是全人教育。

从这个角度来说，同为江苏的中学校长，一个被迫"道歉"，一个成为"网红"。反差明显，但不尴尬。这是教育改革的阵痛，也是公众启蒙的必经之路。

从小培养"通才"而非"专才"

通识教育等于广泛兴趣吗

无论哈佛大学还是清华大学，无论美国 MTC 学校还是坚持核心素养框架的中国学校，它们最想录取的是从小有特点、未来有更大概率"赢在终点线上"的人。

对于核心竞争力，中外都有能力模型。但是如果要把诸多模型形象地概括为一个字母，会是什么呢？我认为是"T"。智慧型父母都在朝着"新 T 型人才"的方向培养孩子。

在"T"中，"—"代表的是广度，"I"代表的是深度。我把新 T 型人才或优秀的 T 型少年的特征归纳为以下 3 点。

» 既有知识广度，又有思维深度。

» 既会跨学科思考，又会解决问题。

» 既能开放协作，又能自我突破。

当我们提及孩子的知识广度时，你可能会想到通识教育。当被问及希望孩子成为一个"通才"还是"专才"时，家长十有八九会选择"通才"。

何谓通识教育？应当如何给孩子通识启蒙，又如何避开一些认知误区呢？

通识教育不是知识教育，而是秉承自由和人文的传统，把学生塑造为认识自我、了解世界、有责任感与健全人格的公民的一种教育。

提到通识教育，就不得不提《哈佛通识教育红皮书》。该书的序言里写着那句著名的话："教育的目的是培养完整的人。"

这里"完整的人"，其实就是我们说的"全人"。

全人 = 好人 + 正直的公民 + 有用之人

一般情况下，人们理解的"有用"，是指掌握了特定的技能，即"要有一技之长"。但在哈佛通识教育体系里，首先倡导的是视野开阔，掌握多元知识，要多读"无用之书"，不要着急成为一个专才。

无论哈佛大学还是耶鲁大学，这些名校秉承的教育理念都是：哪怕学生大学毕业，也最好不要着急成为某个领域的专家。它们认为，比深耕某个领域更重要的是，学生知识的融会贯通能力与可迁移能力的提升。

什么是融会贯通能力？它是指多元思维，是追根究底、触类旁通，是知其然并知其所以然。

什么是可迁移能力？它是指洞察力、探索能力与批判性思维等能力。尤其是批判性思维——会提问，会质疑，会验证假设，对思考过程再思考。

培养新 T 型人才，其实就是培养面对未来社会复杂挑战时也永远具备解决问题的能力且幸福指数高的人。正如电影《火星救援》中的马特·达蒙，如果他不是一个 T 型人才，那么早就"死"在外太空 100 次了。

相对而言，我是比较幸运的。虽然从小接受的是传统的应试教育，但是后来做了《南方周末》的记者。在记者的职业素养要求里，视野、知识面、探索力与批判性思维等本就是应有之义，而我做的又是财经人物记者——接受采访的企业家来自不同的行业，有着不同的经历与性格，这逼着我开始走上"T"台。

所以，当我成为父亲后，创办少年商学院，培养具有国际视野与健全人格的新 T 型人才便成为我的目标。

哈佛通识教育体系的新变化

再回到哈佛大学。其通识课程的框架不断变革，最近一次调整是在 2019 年秋季。之后，新一版的通识教育课程体系正式施行（比原计划晚了一年）。

相比 2009 年的版本，通识课程从原先的 8 大领域课程变成了"4 + 3 + 1"的新课程体系（见表 1-1），4 门必修通识课程在于求"博"，3 门分布式课程在于求"深"，另外 1 门是实证与推理课程。具体而言，哈佛大学本科生需要从"美学与文化"（Aesthetics & Culture）、"伦理学与公民"（Ethics & Civics）、"历史与社会及个体"（Histories, Societies, Individuals）、"社会科学技术"（Science & Technology in Society）领域中，分别选 1 门必修通识课。

3 门分布式课程则对应"艺术与人文"（Arts & Humanities）、"科学与工程"（Science & Engineering）和"社会科学"（Social Science）领域。学生需从艺术与科学学院（FAS）和保尔森工程与应用科学学院（SEAS）下属的3个院系中各修1门分布式课程。

表 1-1　哈佛大学 2019 年秋季开始施行的通识教育计划课程体系

课程类别	课程领域
必修通识课程 （General Education Courses）	美学与文化 （Aesthetics & Culture） 伦理学与公民 （Ethics & Civics） 历史与社会及个体 （Histories, Societies, Individuals） 社会科学技术 （Science &Technology in Society）
分布式课程 （Distribution Courses）	艺术与人文 （Arts & Humanities） 科学与工程 （Science & Engineering） 社会科学 （Social Science）
实证与数学推理课程 （Empirical and Mathematical Reasoning）	实证与数学推理 （Empirical and Mathematical Reasoning）

此外，学生还要满足哈佛写作课（说明性写作）及外语要求才能毕业。

社会各界对通识教育课程体系的争论和质疑从来没有间断过。在 2019 年哈佛大学的课程改革中，通识课程的地位更高了。过去 10 多年，哈佛大学内部反思的焦点之一在于，哈佛大学毕业生成为各学科领军人物的数量增加了，但成为国家领导人的数量减少了。

言外之意就是，培养专才而不培养通才的做法，限制甚至扼杀了哈佛大学毕业生的竞争力。当时有一个教授写了一封信——《卓越却没有灵魂：论一所伟大的大学如何忘记了教育》。他在信里说："哈佛已经不再是一个山巅之城，而堕落成了一个商标。"

2019 年哈佛大学新的通识课程体系，具有以下 4 个特征。

○ 课程精简，广深结合

这次改革将课程从庞杂体系里分模块"瘦身"，目的就是做减法，避免陷入形式主义，进一步强调通识教育的特征之一是深入事物的本质。

○ 更加重视跨学科学习

跨学科是一种思维方式，而不是不同学科资料和内容的堆砌。哈佛大学最早的跨学科教学案例是"理解达尔文进化论"，由两个不同风格、不同学科的教授进行讲授。

○ 公共表达及讨论课不可或缺

众所周知，美国课堂的气氛十分活跃，学生可以随时打断老师的讲解，也有讨论环节。但通识课程在正式课程后还设有专门的讨论课。有意思的是，通识课会有学生请假或缺课的现象，但是讨论课学生们基本不请假、不缺课。原因很简单，通识课上讲授的内容可以找同学借笔记自学，但是错过了讨论课，就错过了讨论本身。

○ 加大了项目制实践活动的比例

实践活动一般安排在周五。此前，实践活动多是理工科的项目，最近几年，人文类通识课的实践活动也多了起来，比如，大家开始实地研究贫困人口的成因等。

通识教育不是大学生的专利，而是每个孩子从小都应接受的教育。

从 2017 年开始，我用了 3 年时间，陆续找到世界各地知名大学里年轻、知识渊博且能深入浅出地讲解课程的 50 位教授，与他们签约、合作，录制了一套中国中小学生爱听且听得懂的世界名校通识课（少年知识星球），涉及世界名著、经济学、历史、心理学、天文学、地球科学、音乐鉴赏、艺术史等领域，没想到这套通识课远比预期的受欢迎。

究其原因，越来越多的中国父母的眼界变得开阔了。即使孩子还没确定未来是否出国留学，但在力所能及的情况下，他们走出了重要的一步。

让孩子从轻课开始接触和尝试通识教育，至少有 3 个好处或 3 个必要性。

第一个必要性：凡事略懂一点，生活更好一点。

这是一种生活乐趣。现在的孩子视野非常开阔，接受新事物、新信息的能力非常强。如果不拓展知识面，可能会很难融入集体。有时，广博有趣的知识与表达成为一种"社交工具"。从这个维度看，通识教育的作用之一是教会孩子如何缓解压力、如何与人聊天、如何被人接纳。

第二个必要性：培养新 T 型人才，应对未来复杂世界的挑战。

拓宽孩子知识的广度、加深孩子思维的深度有助于他们应对未来复杂世界的挑战。《创新的十个面孔》中硅谷科技企业里的超级精英们，几乎清一色是跨界、多元的 T 型人才。

第三个必要性：通识素养正成为升学的核心竞争力。

无论中外知名大学还是优秀的中小学，甚至国内的小升初、中高考作文，以及名校面试，都要求学生具有尽可能宽的知识面、尽可能强的可迁移能力。（2020年，清华大学在其通识教育实验田——新雅书院的基础上，新成立日新书院、致理书院、未央书院、探微书院和行健书院5所书院以强化通识教育。）

培养"T型少年"的3大建议

这个世界上的"有用之人"可以分为以下3种：I man，X man，T man。

- » I man就是"有一技之长，但也只有一技之长"的人，能力不错，但瓶颈明显。
- » X man是指掌握两门专业知识，且这些知识之间有明显交叉和结合点的人。
- » T man是指面向未来的人才类型。而通识教育，便是培养T型少年及新T型人才的根本。

在让孩子从小接受通识教育方面，我有以下3点建议。

○ 告诉孩子，年少就该广读书，床头常备经典书

文学、历史、哲学、音乐、建筑、美术、经济学、社会学、人类学、心理学、物理学、生物学、科学史、科学哲学等各种题材的书，都要多翻多看。我们不要等到孩子能完全读懂一本书，才买给他或者让他看另一本；也不要低估孩子的深度阅读能力，孩子的领悟能力超乎我们的想象。在我看来，读书本来就未必需要全部读完或读懂。

少年商学院有一个"百万阅读俱乐部"，引导孩子读透每一本好书。选书时，除了注重广博，还要重视名著经典。这里的经典也包括一些当代著作，譬如《哈利·波特》《坟场之书》等。名著之所以成为名著、能够源远流长，是因为它们传达着人类的憧憬和理想，凝聚着人类美好的感情和广泛的智慧。孩子在阅读一部部名著时，相当于在和一位位智者对话，在与不同文化背景的人打交道。

对孩子来说，阅读名著能够帮助他们培养正确的人生观、世界观、价值观，让他们懂得更多的人生哲理；有助于孩子学习知识、开阔眼界、了解历史。更重要的是，阅读量大的孩子与不同文化背景的人交流时，能灵活地调整自己的行为方式，表现出积极的态度，尊重彼此的文化，理解彼此的观点。

○ 一定要避免因为盲目求广而忽视了对美的感受力

永远要提醒自己，不要把通识教育单纯地理解为兴趣广泛，而给孩子报太多"兴趣班"或强迫孩子学习太多通识课。正确的做法是，将通识课作为知识背景音，或者作为引导孩子广泛阅读的资料源，甚至是亲子沟通的素材库，引导孩子自由地探索自己的兴趣。

和孩子一起找到学习自驱力与创新自信力，激发孩子主动支配而不是被动接受自己人生的潜能，这是我们为人父母或为人师表最重要的天职。在这个过程中，尊重孩子，让孩子感受到自由和乐趣，是非常重要的。

"（一个人）要成为一个伟大或优秀的艺术家，除了技巧训练，他还需要对生活有着相当宽广的体验和理解。剥夺孩子的通识教育，就等于减少他在艺术方面成长和成功的机会。"《哈佛通识教育红皮书》中这样说。我建议，少一些技巧训练、技能提升，多带孩子去听听音乐会、看看画展、欣赏欣赏大自然吧。

很多年前，我遇到德国海德堡大学的赵洲博士，他在学校教授艺术史，弹的一手好钢琴。听说他有两个女儿，我便问他是如何教孩子弹琴的。他说他并没有要求孩子很小就弹琴，而是借希腊神话给女儿们编了一个话剧，大体是说一位天使被箭杀，要想重生就必须找到世界上最美妙的音乐，于是天使的灵魂到处游荡，有时路过少年贝多芬的柴房，有时经过莫扎特房子的上方……

"感知艺术比习得艺术技巧更美妙，"这位优雅的暖男式父亲对我说，"我给女儿们每天讲个艺术史故事，然后在特定情景下弹奏一段，女儿最后对艺术萌生了巨大的兴趣与热忱。"正是他的这番话，让我决定马上和他签约录制课程，刻不容缓。

○ 重视孩子实践能力和公共表达能力的提升

"让世界成为孩子的课堂"一直是少年商学院的教育理念与使命。如果说少年商学院世界名校通识课给孩子们的轻启蒙像甜点，开阔了孩子们的眼界，让他们知道了世界的样子与运转规律，并启迪了他们的思维方式，那么包括商业、哲学与领导力等主题的直播课与线下实践，则真正地引导孩子们探索世界，在社会实践与社会创新中提升他们的同理心及解决问题的能力，并最终影响他们世界观的建构、公民意识与全人品格的塑造。

作为家长，一定要让孩子从小多多争取演讲与辩论等公共表达及讲出自己故事的机会。从学习的闭环来说，教是最好的学；从通识教育的角度而言，哈佛大学与清华大学的通识课都非常注重学术讨论，旨在让孩子将所读、所学、所思、所行通过讲故事的方式表达出来，进而内化为可迁移能力的重要一步，甚至是关键一步。

从日常自我介绍到社团活动，再到升学、留学面试，公共表达成为家常便饭，演讲能力非常重要。但我要提醒大家的是，不要陷入技能的训练，应该让孩子在认识自己和感知世界的基础上，找到表达的内在驱动力和要讲的故事内核。

通过"阅读→思考→讨论→实践→公共表达"，我们的孩子可以真正学会如何学习、如何探索世界和与人沟通，以及如何表达自我。所谓"见天地、见众生、见自己"，这样的获得感与成就感经过日积月累，是了不得的。

此外，我想补充一句，广读书、感受美与多实践（多表达）这3件事情有一个共同点——要给孩子一定的留白时间，而不是把他的时间都填满。填鸭式的通识教育只会本末倒置，效果必将适得其反。

2012年，我去丹麦拜访乐高集团高层。去之前，我心里想，乐高的设计师一定非常厉害，而且应该每天都忙着进行各种模型的超多可能性测试。

结果让我印象深刻的是，乐高集团有个 white house，这可不是美国的白宫，而是指四周全白的空房子。这里是乐高的设计师和工程师们每天、每周用于完全放空、留白的空间。

这件事对我的触动挺大，它让我明白，聪明家长与普通家长的区别就在于聪明家长敢做减法——给孩子多一点留白的时间和空间。

通识教育还有两个重要的功能容易被忽略。第一，通识教育是实现教育公平的重要载体之一。我们今天说到教育公平，很多情况下容易想到硬件师资条件及语数外这些学科的学习资源的公平问题，但我觉得很多孩子，尤其是一些偏远地区的学生，更需要的是开阔视野，启迪心灵。

第二，所有通识教育能帮助我们培养"成绩中等但能力出类拔萃的孩子"，即学习成绩未必特别拔尖但很有个性、知道自己要什么或想成为怎样的人。这与世界名校越来越青睐的学生类型完全一致。

国际化教育 2.0 时代来了

"你家孩子读的是国际学校吧?"经常有朋友这样问我。

说实话我不知道该如何回答,因为每个人理解的"国际学校"可能都不相同。

你随便问一位身边的朋友:"你觉得什么是国际学校?"

可能马上就会得到 N 个不同的回答:

"外籍人士子女上的学校。"

"有钱人上的贵族学校。"

"公立学校的国际部。"

"拿国际文凭，以送孩子出国留学为目的的学校。"

"双语体系，理念西化，崇尚通识教育或素质教育的学校。"

……

如果你问："你觉得什么是国际化教育？"

这时，你得到的回答可能会聚焦到"国际化教育就是出国留学"。

这些回答各不相同，但在我看来又都是同一类答案，其潜台词是"国际＝西方"。

教育的对象是学生，教育的目标是培养人。在我看来，国际化教育的含义应当是：培养人的全球视野、综合能力与健全人格的教育。从这个维度讲，每一所学校都应当是国际学校。

留学人数滑坡，未必是"真拐点"

国外疫情蔓延导致我国出国留学的人数短期内出现滑坡现象。我们先看一组数据：2013 年，中国出国留学人数是 40 万；2019 年，这个数字超过了 70 万，这期间每年出国留学人数增长率大都维持在 10% 左右（除 2016 年的 3.8%）[1]。2020 年，这个数字出现了跳水，特别是低龄留学人数出现了断崖式下跌趋势。

通过国际教育协会[2]在 2020 年《门户开放》报告中的数据，我们了解到，在 2018 年之前，美国国际学生的注册人数每年呈增长趋势，但是从 2019 年开始出现负增长。

这说明了什么呢？这说明，一方面，政策环境和经济形势会对留学供需双方产生影响；另一方面，受疫情的影响，很多家长和孩子对于要不要去美国留学产生了很大的疑虑。

一家有名的咨询公司在 2020 年五六月时做了一个调研，内容分

---

[1] 以上数据来自国家统计局官网和艾媒数据中心。

[2] 国际教育协会（IIE）是美国著名的教育培训及文化交流非营利性组织，成立于 1919 年，致力于促进全球教育文化交流，为来自 170 多个国家及地区的学生提供服务。2020 年是 IIE 出版《门户开放》（Open Doors）报告的第 71 年。

别是预备留学的学生 2020 年对留美安全的评价和认为国内更安全的人对留学计划的态度。结果发现，只有 10% 的人坚持要出国留学，90% 的人认为出国留学不太安全。

对于这 90% 的人来讲，他们的心态又是怎样的？其中 55% 的人认为留学计划可以推迟，剩下的 45% 要么取消留学计划，要么有更换留学国家的打算。

这两年经常有家长朋友问我："还要不要出国留学？"也有一些行业人士问我："2020 年会不会成为出国留学的拐点？"我认为，留学人数尽管出现短暂滑坡，但未必是"真拐点"。坚定出国留学的人是丝毫不会动摇的，而所谓"内卷化"的趋势又让一些原本不打算让孩子出国留学的家庭改变了想法。不过我感兴趣的是，上述 55% 的人群，他们暂时出不去却又渴望在国内得到更多原汁原味的欧美课堂的内容，他们又会做出怎样的选择？

同时，还有更多的孩子还在读初中或小学、原先打算几年后留学的家庭，现在决定调整策略，做"两手准备"，即升高中的时候根据实际情况综合决定是走高考路线还是留学路线。如此一来，他们可能遭遇两难境地：既觉得国家标准化课程教学及培养计划与自己的需求无法完美匹配，又觉得接触到的欧美课程内容参差不齐。这种情况应当怎么办？

写过著名畅销书《高效能人士的七个习惯》的史蒂芬·柯维（Stephen Covey）博士，是我非常尊敬的一位智者，他被美国《时代周刊》誉为"思想巨匠"，并入选影响美国历史进程的 25 位人物之一。他苦心研究孔子，去世前写了最后一本书——《第 3 选择：解决所有难题的关键思维》。作者提出第 3 选择不是妥协、将就，恰恰相反，它指的是协同达成一个更好的方式，是协同共享，创造共赢。

国际化教育 2.0，就是解决上述两类家长的"困境"或"难题"的第 3 选择。

国际化教育 2.0 时代的 3 大特征

国际化教育 2.0 时代主要有以下 3 大特征：中西融合、线上与线下相结合和本土化升级。

○ 中西融合

中西融合在这里重点指中外合作办学。

疫情之后，上海纽约大学（简称"上纽"）、昆山杜克大学（简称"昆杜"）这类学校开始变得非常受欢迎。原因不言而喻。一方面，就读这类学校给人的感觉是"在国内也可以留学"，其课程与美国课程同步，甚至毕业可以拿两个学位证；另一方面，校方对申请入学者的考量发生了变化。以昆杜为例，学生高考成绩的权重只占 50%，剩下 50% 为学校自主综合评估和高中学业水平考试成绩。

我参加 2018 哈佛中国教育论坛时，听到了昆杜刘经南校长的演讲，其中有一句话令我记忆深刻："中外合作大学是当今应对全球化和科技革命带来的不确定性的最佳模式。"

截至 2020 年，国内已经有 9 所类似上纽和昆杜这种独立法人形式的中外合作大学了。未来应该会有更多。这些学校基本采取通识教育的模式，英文授课，入学时不分专业，让学生通过探索发掘自己真正的学科兴趣与研究方向。我在昆杜进行探访交流时，看到其人才培养目标赫然写着："培养有本民族文化之根的世界公民。"

○　线上与线下相结合

这里我想重点分享的是斯坦福在线高中（Stanford Online High School, OHS）这一样本。

OHS 是美国排名第一的在线高中，如果把在线高中和实体高中放在一起排名，它也位列全美前十。所谓在线，顾名思义就是以线上学习为主。学生在 3 年内修完学分，即可取得毕业证，上大学。

OHS 的情况和特点，总结起来核心有以下 4 点。

> » 全世界的学生都能申请，在家就能正常学习、考试、升学。
> » 大学入学率 100%，SAT 平均分 1470。
> » 不只有线上课程。OHS 的线下活动同样丰富多彩，主要包括两种：一是同一国家或在同一城市的学生平时的密切互动；二是无论身居何处，只要有共同的兴趣爱好，照样可以组建社团，或沟通交流，或开会辩论。
> » 个性化教育，让学生成为学习的主人。不同于线下学校，所有 OHS 学生的课程表都不太一样，每位学生都可以选择自己喜欢的课程。

过去 10 年，这种在线高中形式，以美国为主，在全世界范围内流行，其中以 OHS 最受瞩目。如果你的孩子 15 岁考上了 OHS，基本等于他不出国却在"留学"。

当然有人会说，无论昆杜、上纽这类大学，还是 OHS 这种在线高中，适合的都是英语水平优秀，富有好奇心、创造力及领导力，勇于挑战新事物，有上进心，适应能力超强的孩子，普通孩子够不着，难有机会。特别是 OHS，上课有时差不说，让十五六岁的孩子在家上学，他得多自律才行啊。

其实，"普通孩子"是一些家长给自己孩子贴的"致命"标签。他们口中所谓的"普通孩子"，无非是上普通学校、成绩不算出色、家境又一般的孩子。他们认为自己能力水平一般，在过往"分数决定一切"的风气下，他们或主动或被动地卷进"不能输在起跑线上"的浪潮中，因此焦虑万分，担心孩子落于人后，且常常对"教育是用来分阶层的"这一类"高论"心有戚戚焉。

为什么说这个标签很"致命"呢？古语常说："勿以善小而不为。"拥抱变化才有可能不落于人后。具体原因如下。第一，线上与线下相结合的学习方式是未来的学习趋势。例如，国内一部分就读于OHS的孩子，其实并不是在家上学，而是依然在国内的某所高中就读。也有很多初中生和小学生，他们就读于公立学校，但他们通过互联网，把欧美一些K12在线学校上的课程当成第二课堂。这样做，不仅开阔了视野，而且解决了上述提到的"未来是参加国内高考还是出国留学"的纠结。

第二，哪个孩子天生不具有好奇心、创造力与适应性？哪个父母不希望自己孩子的这些能力和品格能保持到高中甚至贯穿一生？可是简单粗暴的考试与家庭教育中某些"削足适履"的做法，磨掉了不少孩子的棱角。随着中国教育评价制度改革的深化，以及海外名校越来越看重申请者的综合素养，如果家长看不到趋势，或者看到了趋势却依然"鸡娃"如初，到最后付出代价的终将是自己的孩子，毕竟时间不可逆。

我相信 10 年后，更多的家长会这样说："我的孩子虽然是众人眼中的'普通孩子'，但是他有明确的兴趣爱好，有健全的人格，在我眼中并不普通。"

从升学留学的角度来看，国内外名校越来越喜欢成绩中等偏上但有鲜明特点的苗子。是的，"优等生"的定义正在被慢慢改变。

○ 本土化升级

本土化升级，顾名思义就是中国本土学校的升级。无论本土的国际学校或双语学校，还是一般意义上的民办学校，抑或公立学校，都在发生着悄然的变化与迭代。

疫情过后，优秀的本土国际学校和双语学校，将更加重视中国传统文化课程。培养有根的、有文化自信和有国际视野的未来人才，本就该是这类学校的应有之义。没有中国传统文化的国际化教育，等于瘸了一条腿。传统文化不是指狭义上的琴棋书画或四大名著，而是指经、史、子、集等中华民族几千年文明的结晶。让青少年从小了解《史记》甚至《资治通鉴》，我认为是有必要的。

近些年，越来越多的学校开始实践以下两件事情。一是如前面提到的一些思想前卫的家长的做法，精选全世界优质的线上学习资源，供给整个 K12 年龄段孩子"营养"。例如，通过《国家地理》或 Discovery 频道激发孩子的英语学习兴趣，又如通过数学家或科学家的系列纪录片激发孩子对数理学科的兴趣。过去，这些内容是碎片化的，现在，优秀的学校开始博采众长并将之体系化；过去，这些都是师生可有可无的补充，现在，这些则变成了教与学必不可少的一部分。

二是跨学科、项目制学习。本书后文还将专门讲到这一点。项目制学习的全称是 Project Based Learning，简称 PBL。少年商学院是最早引进斯坦福大学设计思维方法、用项目制学习方法将线上直播与线下实践相融合、激发中国孩子的学习自驱力与创新自信力的创新教育机构。在这个过程中，我们也支持了不少学校升级。

2017 年，我在参观北京呼家楼中心小学时吃惊地发现，这所学校在日常的语文、数学、科学等学科教学中已经开始采取项目制的做法了。校长马骏带我参观了学校里琳琅满目的学生作品，学生把学科知识融入作品中，以解决真实世界的问题为导向，大大提升了学习兴趣。

了解了北京呼家楼中心小学的案例之后，我们再来看看衡水中学正在发生的故事。衡水中学的学科教研老师这些年在做这样一件事：每天获取国内外发生的时事新闻大事件，将其中可能与考纲有关的内容摘录出来；针对每一个新闻事件，不同学科的老师从不同角度给予解读或整理分析资料；这些资料被打印出来并发到学生手中，成为他们每天晨读的内容之一。

我听到这个案例之后先是吃惊然后是欣慰。有人认为，他们这样做也是为了应试——过去几年的高考作文话题涉及共享单车、人工智能等。但在我看来，这件事情如果持续做并不断优化，那将是一件了不起的事——学生们的晨读不再是传统的背诵，他们将尽知国事与天下事，媒介素养得以提升。这一做法可以培养学生们用不同的学科知识解构问题的能力，久而久之，学生们将"知其然，更知其所以然"。这可以说是一个轻度但可复制的"跨学科 × 项目制"教育样本。

每个孩子都需要接受国际化教育

从自上而下的维度看，国际化教育 2.0 时代的 3 大特征是教育的新趋势，是正在发生的未来。今天种下一颗种子，它会发芽，它会长大。如果要实现《中国教育现代化 2035》提出的"迈入教育强国、学习大国、人才强国"的目标，如果中国要在 2049 年时成为世界各国学生主要留学目的地之一，那么这个趋势不但不可逆，还需要不断升级。而到 2049 年的时候，今天的中学生正值 40 岁左右，将成为整个社会的中流砥柱，甚至领袖型人才。

从自下而上的维度看，上述 3 个特征可以说是一份"择校指南"：不要人云亦云地追捧学区房或简单地让孩子就读国际学校，而应想一想自己的价值观是什么、想要的是什么、孩子的个性和适合的"路"大体是什么；然后从目标学校中选出具备 3 个特征中至少两个的对象，进行分析对比。这样做出的决策未必最科学，但至少是适合未来社会发展趋势的。

回到"国际化教育"这一话题，我认为好的教育本质上都是一样的：都是以全人品格为核心，培养孩子面向未来的核心竞争力。因此，每一所学校都应当成为国际化学校；每一所学校培养出来的人才，都应当是富有同理心、合作意识与公民意识，乐观向上的；每一个孩子无论家境如何、智力水平如何，都应当具有国际视野和解决问题的能力。

2

阅读力与表达力

退笔如山未足珍，读书万卷始通神。

——苏轼

中国宋代文学家

年少就该广读书

"世界课堂"的维度之一是时间。这里说的时间是指贯穿古今，甚至穿透未来。中外经典名著就是经得起时间考验的知识与人类智慧，是最具代表性的时间的礼物。

你和你的孩子每年读多少本书呢？当我们谈全人教育、谈孩子面向未来的竞争力时，阅读亦属于"根目录之根目录"，它不但是语文学习的基础，更是丰富人生阅历的基石。

那么，到底应当如何提升孩子的阅读力？结合少年商学院百万字阅读俱乐部的做法，以及自己在家引导 3 个孩子的一点小经验，在此我分享一下自己归纳总结的"青少年 ABCDE 阅读法"（见表 2–1）。

表 2-1　青少年 ABCDE 阅读法

关键词	要义	释义
A（Accompany）	陪伴	不只是幼儿时期需要亲子陪伴
B（Blended reading）	广泛阅读，混合阅读	年少就该广读书
C（Classic）	多读经典	越早越好
D（Deep）	深度阅读	思维的深度与知识的广度同样重要
E（Encourage）	激励	激励是个技术活

我们首先讲讲陪伴这个话题。非常多的家长在亲子陪伴上，具有以下 4 个特点：一是缺少陪伴，尤其是爸爸陪孩子的时间太少；二是陪伴的质量不高，家长坐在孩子身边但自己玩手机的现象比较普遍；三是重视陪做作业，轻视陪伴阅读；四是多子女家庭父母对不同子女的单独陪伴较少。

在网络上，"陪孩子做作业"被戏谑为"对中国式老母亲来说最残忍的磨炼"，我们借此探讨增加阅读的必要性及意义，也希望能给教育工作者及家长些许启发。

课后阅读 20 分钟，胜过写作业 2 小时

不少家长发现：孩子每天写作业磨蹭大半天，根本没有时间阅读。

美国佛罗里达州马里恩县的家长们也热议过这件事。起因是当地一所小学的校长做出了一个决定：不让孩子带作业回家——原先每天的写作业时间改为每晚阅读 20 分钟。

"太多的作业会危害学生的成长，并且使其对学校产生负面的感受与评价。"这位校长说。与此相反，减少孩子的作业却可以让孩子有更多的时间进行课外活动，比如阅读，这可以提高他们的沟通技巧、智力，甚至数学思维能力。父母经常与孩子一起阅读，还有助于建立更亲密的亲子关系。

这位校长的决策引起了不小的讨论甚至争议。但在今天，无论美国还是中国，不少小学已经开始减少或取消家庭作业，特别是对低年级学生，转而要求学生坚持每天阅读。

美国佛蒙特州的一位小学校长非常直接地说："小学阶段，除了课后阅读，家庭作业与学习成绩的提高没有关系。"他要求学生，无论就读哪个年级，放学回家后都不需要写作业，但一定要阅读，必要的话，和家长或监护人一起阅读。

这所学校还将这一政策发布到了学校的官方网站上。

> » Read just-right books every night — (and have your parents read to you too) . 每晚阅读好书，记得让你的父母和你一起阅读。

» Get outside and play —that does not mean more screen time. 去室外玩一会儿，不要总是盯着屏幕。

» Eat dinner with your family — and help out with setting and cleaning up. 和家人共进晚餐，记得帮忙准备晚餐和饭后洗碗。

» Get a good night's sleep. 睡个好觉。

半年后，学生们的成绩稳定，家长们也对这一做法好评如潮，因为"孩子现在有时间去追求作业之外的其他东西，在家里的参与感也更强了"。

早在 1999 年，美国《时代周刊》某一期的封面上赫然写道："功课太多！它们正在伤害我们的孩子，父母对此应该怎么做呢？"越来越多的研究证明，对于低年级的学生来说，相比常规的家庭作业，阅读更能提升学业成绩，特别是对于孩子的数学成绩与科学成绩，影响深远。芬兰于韦斯屈莱大学心理学博士奥诺拉（Aunola）发现，阅读时更注重技巧的孩子，理解、解决数学问题的能力更强；美国伊利诺伊大学厄巴纳 – 香槟分校克罗姆利（Cromley）教授，曾在包括美国在内的好几个国家研究孩子的阅读量与科学课表现之间的关系，最后发现，它们之间存在非常大的正相关性。

我以这些实证研究为例，是希望大家多鼓励孩子阅读，也提醒那些"作业太多，没时间阅读"的孩子：作业再多，也要每天坚持阅读；越是作业多、学科成绩徘徊不前，越需要挤时间阅读。

2021 年 2 月，中国教育部基础教育司召开新闻发布会，专门要求强化学生作业管理："提高作业设计质量，鼓励分层次作业、弹性作业、个性化作业，不得给家长布置或变相布置作业，不得要求家长检查、批改作业。"

在作业管理得以优化的趋势下，孩子空出来的一点时间，应优先分配到阅读上。在这个过程中，亲子陪伴的重要性不言而喻。

但是我要纠正的一点是：许多家长认为亲子陪伴、亲子阅读仅限于孩子的学前阶段。实际上，这是一个误区。孩子上了小学甚至初中，同样需要亲子陪伴和亲子阅读。至少在孩子小学毕业，即 12 岁前，家长不要缺席和中断适时陪伴孩子阅读。

大部分家长可能面临的挑战是不知如何进行亲子阅读。狭义的亲子阅读，指的是行为，即家长和孩子坐在一起读书或家长读书给孩子听，也可以是孩子读给家长听；广义的亲子阅读，指的是家长和孩子通过一本书或一个主题建构一种融阅读、头脑风暴、游戏、表达甚至表演于一体的亲子互动场景与氛围。

我常常通过游戏化的方式鼓励孩子们把书里的核心情节一起演出来，有的家庭则是通过家庭辩论赛的方式引导孩子输出想法，一些有小学高年级学生或初中生的家庭，通过亲子旅行等探究式的阅读方法也能事半功倍。

关于亲子阅读，我们家有一条重要的原则：如果孩子当中的一个或多个想要让我或妈妈陪伴阅读，我们都要培养自己对那本书的主题的兴趣，无论这个主题是什么（其实除了阅读，包括体育运动在内的其他兴趣的挖掘与亲子陪伴过程同样遵循这一原则）。

每个孩子的性格、兴趣爱好不同，他们选的书，以及对于探究式阅读的方法和表现行为也会有所不同。在这种情况下，多子女家庭的父母，一定要有耐心。在家庭阅读氛围营造和孩子们阅读习惯的培养之外，家长还要给予每个孩子单独陪伴的机会。

广泛阅读：年少就该广读书

这里所说的"广读书"是指混合式阅读，它包含两层含义：一是广泛阅读，多读杂书；二是纸书阅读与数字阅读并重。本章主要讲第一层含义。无论《哈利·波特》还是武侠小说，无论人文地理还是科学科技，无论散文、童话故事还是经济学与心理学，孩子都可以进行广泛阅读，从小扩展知识的广度非常重要。

美国小说家、记者迈克尔·格罗瑟斯（Michael Grothaus）说过，所有的阅读都是有益的，不管你读的是什么书，享受才是最重要的。英国阅读协会也认为，最重要的是阅读本身，而不是阅读的书籍。这并不是说不注重品质只注重数量，而是指不要拘泥于图书的主题或形式，哪怕是一本烹饪说明书，只要你有兴趣，也可以马上读起来。

我习惯于研究一些优秀人物少年时代是不是"阅读迷"。1903年发明了飞机并顺利完成第一次飞机试飞的莱特兄弟，他们的成长环境可以用两句话概括：一是几乎每时每刻都在阅读；二是父亲热爱写家书。莱特兄弟小时候家里的房子不大，藏书却非常多，这主要得益于他们的父亲一生都非常爱看书，而且认为"阅读的价值是不可估量的"。

莱特兄弟的父亲鼓励孩子广泛阅读。很有意思的是，他把宗教方面的书放到自己的卧室，把更多的"杂书"放在家里客厅的玻璃书柜里，其中不仅有著名小说（如狄更斯、欧文、霍桑、马克·吐温等人的作品）、诗歌（如沃尔特·斯科特爵士[1]的所有作品和维吉尔的诗歌），还有名人或历史传记（如《约翰逊传》），以及关于博物学、美国史和旅行方面的书，此外还有两套完整的百科全书，等等。题材涉猎广泛，内容包罗万象。

---

[1]　英国诗人和小说家。

秉承终身阅读理念的人与普通人的主要区别在于，他们从不把书当成工具和器皿，不会功利和实用主义至上。相反，他们把阅读当成开阔视野与思维的旅程，从阅读中汲取营养，获得乐趣，让人生更为丰满，让自己成为一个更完整的人、更优秀的公民。

广泛阅读固然重要，功利阅读却后患无穷。有的孩子号称阅读量巨大，但读的书中七成以上都是教辅书。这样做只会让孩子的思想发育营养不良。年少时努力读"忙书"，读考试必备书，号称长大了才有时间读"闲书"与"杂书"，这其实是本末倒置，因为年少时的阅读广度，决定了日后的精神高度。

从小多读经典的重要性

国家督学和北京十一学校总校长李希贵在一次演讲中分享过一件让人哭笑不得的尴尬事。

当年他还在山东高密四中任教，有一年高一扩招了两个班，因为没有招到语文老师，所以在近一个学期中，学生的语文课都是自学的。也因为没有语文老师，学生们得以在上语文课时到阅览室看书，或者借图书馆的书拿到教室里阅读。结果，期末考试成绩出来后，这两个班的语文基础知识成绩并不比平行班差，阅读题目和写作题目的成绩比平行班的成绩还略高一点。

为了进一步"实验"，李希贵就让自己刚刚上初一的儿子和上"初四"（初三复读）的侄女，参加了高三的语文期末考试。结果让老师们更加尴尬的事情发生了：当时高三以及两个复读班的考试平均分是 84.5 分，读初一的儿子考了 82 分，读"初四"的侄女考了 85 分，与平均分不相上下。

"这两个孩子一个差了 6 年，一个差了 3 年，虽然老师在语文课堂上进行了大量的讲解和训练，但他们（这两个孩子）有的是什么呢？他们有的，是在不同的年龄大量阅读适合他们的名篇名著。"李希贵说。

他让读初一的儿子写下"你最喜欢的 10 本书及理由"。儿子写的 10 本书分别是：《纸牌的秘密》《显克维奇选集》《死水》《鹅掌女王烤肉店》《伊豆的舞女》《唐宋名家词选》《雍正王朝》《苏菲的世界》《契诃夫精选集》《戴高乐传》。

李希贵感慨道，如果我们帮助一个孩子积累和铺垫了他的认识水平，他的高度就会超过同龄人。正是他们自己的阅读、吸收、积累和感悟，提高了他们的语文成绩。

两年后，他的儿子上初三，用当年的高考语文试卷测评了一下，当时考了 122 分，但是过了 3 年，到了真正参加高考时，他的儿子也只是考了 123 分。"这就说明，语文水平达到一定程度后，有些东西是考不出来的，但阅读的力量能够影响孩子的一生。"
李希贵以此总结道。

自主阅读和阅读经典的重要性从这个案例中可见一斑。我经常对
少年商学院的学生家长说，孩子的书房再小，也应该有一个"五
尺书架"。

这一典故来自"哈佛 5 英尺 [1] 计划"，这一计划由哈佛大学第 21
任校长查尔斯·艾略特（Charles Eliot）提出。艾略特是历史上
在任时间最长的哈佛校长，35 岁就任，在任 40 年。他提出，如
果一个人每天用 15 分钟阅读经典，4 年后所读的书就可以摆满
一个 5 英尺高的书架。这样，他便有机会获得丰富的知识与智慧。

为了达成心中的教育目标，艾略特校长任主编，并联合哈佛大学
及美国其他名校 100 多位享誉全球的教授，历时 4 年完成"哈佛
经典文丛"（Harvard Classics）。"哈佛经典文丛"涵盖了历史、
传记、哲学、社会科学、自然科学等各大学科领域，展现了中西
方国家古代和近代文明的最优秀成果和代表作品，包括《富兰克
林自传》《天方夜谭》《唐·吉诃德》《物种起源论》《浮士德》
《爱默生文集》等古今名著。

---

[1] 1 英尺 =0.3048 米。

这套经典文丛共 50 卷，长度约 5 英尺。自 1901 年问世至今，"哈佛经典文丛"始终广受赞誉。中国现代著名学者、思想家胡适称赞其为"奇书"。胡适先生一直主张青少年要多读书，以"增强自我之心智，了解世界之规律，树立自由之人格"，而多读经典，显然是一条"没有捷径的捷径"。

每个孩子都可以成为"百万富翁"

说完"青少年 ABCDE 阅读法"的 ABC 后，我们来一并说说 D 和 E。这一点，百万字阅读俱乐部的做法非常值得借鉴。

过去 10 年，国际上不少中小学相继成立了名叫"Millionaire Club"（百万富翁俱乐部）的社团，不要误以为这是"富二代俱乐部"，其准确名称其实是"Million Word Club"（百万阅读俱乐部），顾名思义，是孩子们的阅读量以百万字计。

这一俱乐部的诞生，可以追溯到 2002 年美国西部科罗拉多州的一所学校——学校要求学生每年至少读 100 万字。这一计划慢慢被美国其他州的学校甚至其他国家的中小学借鉴。这一计划的精髓并不是提供书单或强制阅读，而是最大限度地激励孩子们主动阅读与深度阅读。

孩子们视进入"百万阅读俱乐部"为一种最高的荣誉，不但可以获得表扬（学校或俱乐部官网会发布公告），而且会获得证书。证书就像一张百万美元的钞票，只是中间的头像是成功晋级俱乐部的学生的头像。"你也可以成为百万富翁"，这种激励对孩子来说非常奏效。从某种意义上说，阅读上的富足更值得骄傲。

对于如何成立和运营"百万阅读俱乐部"，不少学校给出了超实用的建议。例如：可以个人参加百万字阅读计划，读满 100 万字就可以加入俱乐部；也可以在班级之间进行比赛，比如全班所有同学的阅读总量先达到 100 万字或 200 万字就可以获得奖项。

奖品是什么呢？奖品既可以是纸杯蛋糕，或者利用课堂时间进行一次"爆米花电影之夜"，也可以是一定的货币奖励，还可以是一些个性化的激励。以下方法值得参考。

- 》 在晨会上发言，可以推荐自己最喜欢的书，并录制视频（成为少年说书人）。
- 》 在学校举办的学生活动或聚会上拥有 VIP 席位。
- 》 免做家庭作业的机会。
- 》 学校小卖部的优惠券。
- 》 学校主管甚至校长请孩子们去餐馆吃大餐。
- 》 在学校里挂一块匾，把俱乐部成员的名字刻上去。
  ……

有的学校还极具创意地推出了"走红毯"盛典，每个读完 100 万字的孩子，俨然就是"阅读之星"，要上台接受其他同学的祝贺。有人认为，这样做会不会导致孩子们囫囵吞枣，盲目求量？其实不然。对孩子来说，一旦自主阅读的兴趣被激发，很多时候别人不想让他们深度阅读都难。他们甚至会在读完书之后，自己上网查阅更多资料，或按图索骥查看作者的传记及写过的其他著作。永远不要低估孩子们对自己感兴趣的事物的投入程度与钻研深度。

其中，"主题式阅读"是一种比较有效的引导孩子深度阅读的方法。同系列的书在词汇和表达方式上比较相似，能有效降低阅读难度，使得孩子们对角色更熟悉，而这种熟悉会增进他们对系列书的理解。最重要的是，孩子无须每读完一本书就停下来想下一本书读什么，进而养成持续阅读的好习惯。

少年商学院或许是国内最早引入"百万阅读俱乐部"的概念和做法的创新教育机构，并因地制宜地将其优化和改造为适合中国孩子、线上与线下相结合的个性化阅读俱乐部。线上的"拆书"音频、视频激起了孩子们的好奇心，让他们愿意捧起纸书；而完成部分章节或全书的阅读后，线上的交互、测评，提交个性化阅读报告及激励机制，又引导孩子进一步思考与输出，帮助他们踏上新的阅读旅程，并离成为"百万富翁"更近一步。我们从深圳前海港湾小学开始，支持更多的学校成为阅读创新学校。

小贴士　　　　　　　　**选书标准：关注国际顶级童书奖项获奖作品**

适合青少年阅读的图书也有自己的"诺贝尔文学奖"，家长们可以重点关注"纽伯瑞儿童文学奖""爱德华终身成就奖""英国卡内基儿童文学奖"和"国际安徒生奖"等。其中，"国际安徒生奖"每两年评一次，大家耳熟能详的《哈利·波特》就曾获得这一奖项。另外，"纽伯瑞儿童文学奖"与"国际安徒生奖"齐名，该奖项每年颁发一次，参评作品主要是前一年出版的英语儿童文学作品。孩子们非常喜欢的《坟场之书》就是"纽伯瑞儿童文学奖"获奖作品。

创意表达的力量

与"课后阅读 20 分钟，胜过写作业 2 小时"相对应，我还有一个建议：每天坚持写 100 字，胜过背书 1000 字。

阅读是输入，是求知；而写作和演讲是输出，是表达。故事是人类历史上最古老的影响力工具。表达的核心也是讲故事。

曾担任哈佛大学教育学院院长的语言学博士凯瑟琳·斯诺（Catherine Snow）说："5 岁时就会讲故事的孩子，到小学和中学时的学业表现会更好。他们不仅有着细腻的洞察力，而且往往热爱阅读，思维开阔。他们喜欢将双耳紧贴历史的墙壁，去感受事物的变化和世界的律动。"

这是一个讲好故事比写好说明书重要的年代，"会讲故事"正在成为一种不可或缺的能力，因为讲故事的能力本质上是一种沟通能力。

相对于公共表达，写日记是最简单、便捷的自我表达和自我沟通方式。我有写日记的习惯。上小学和中学时，我在纸质的日记本上写，上了大学之后，开始在电脑里写，再后来是写博客，如今则是在笔记类应用程序中随时随地写……坚持写日记 30 年，总字数也有 500 万了。这一习惯让我受益良多。

我说的写日记，不是人们想的那种长篇大论，当然也不是记流水账，而是不给自己设限，但求每天都写一点，100 字也行，500 字也可以，高兴的时候多写，不高兴的时候少写，但一定要坚持写。我向来非常反对家长给孩子报作文辅导班。我认为，引导孩子从写日记开始，每天想写什么就写什么，对什么感兴趣就写什么，100 字就好。

如果还是觉得写作有困难，则可以使用语音软件，说出来，录下来也好。这样持续 3 个月、半年或 1 年后，回过头看，你会发现，孩子的蜕变会超出你的想象，他自己也会非常有成就感。

下面我要讲的故事是我激发儿子写日记、引导他讲故事的一段回忆。

儿子 3 年级时一篇"作文"写了 1 万字

2019 年一个周末的早晨，我和当时 8 岁的大儿子用 40 分钟的时间，探讨了一只兔子的梦想。起因是他的语文老师布置了一篇作文，让每个孩子原创一个童话故事。儿子向我求助。

我首先让他拿出一张白纸，告诉他，一般来说，每一个童话故事都有一个主角。我问他主角一般会是什么呢？他说人或者动物。

孩子要创作一个童话故事，不妨先从他自己熟悉的东西开始。因为他属兔，所以我说："我们从一只兔子入手如何？"接着我又问："如果是你喜欢的一只兔子，这只兔子会是什么样子的？"

他说："是疯狂的。"

我说："可以啊，没问题，我们今天的童话故事的主角就是疯狂兔。"然后，他在白纸上写下了"疯狂兔"（Crazy Rabbit）。

确定了故事主角后，我们需要描述一下这个主角的长相、性格、优点、缺点、梦想等，因为不同特征将会引发不同的情节。可是在第一关——描述长相时，他就开始发呆了：疯狂兔长什么样呢？

我让他充分想象。我对儿子说："我们现在都闭上眼睛，深呼吸，现在，你有没有看到一片森林？因为现在是秋天，所以地上的落叶黄了，好厚好厚的落叶，我们在往前走，脚踩在落叶上发出沙沙的声响……"

"然后呢？看到大树了吗？这棵树好粗啊，它的后面好像有个小动物，它偷偷地探出头来。看到了吗？那个就是疯狂兔……你不要打扰他，它会慢慢、慢慢地跑出来……"

儿子闭着眼睛说："爸爸，我看到疯狂兔的样子啦！"

孩子睁开眼，在白纸上写下他"看到"的"疯狂兔"的长相：超级龅牙、矮、胖、脚短、嬉笑、白、长耳朵。随后，他又写下了"疯狂兔"的其他特征。性格：疯狂、爱冒险；优点：乐观、开朗、爱交朋友；缺点：脾气急……

最后一项是梦想。嗯？一只兔子会有什么样的梦想？我想，这是我和他头脑风暴、探讨梦想与勇气的一次机会。于是，我俩又一次闭上了眼睛（见图2-1）。

疯狂兔 Crazy Rabbit

长相	超级龅牙·矮·胖 那短 嬉笑 白 长脸
性格	疯狂·爱冒险
优点	乐观·开朗·爱交朋友·
缺点	脾气急、
梦想	变成大力士·搬起一棵树·梦想很疯狂

图 2-1　"疯狂兔"的写作清单

看到了吗？还是那片森林，还是那个有着很厚的黄色落叶的地方，还是那一棵大树。我们蹲下来，你看那只兔子在往前走，它过来了，它好像并没有那么害怕人类。

我们轻轻地去摸它，然后它开口说话了："我的梦想是……"

这时，我让儿子睁开眼睛，我说："告诉爸爸，刚才疯狂兔对你说它的梦想是什么？"

"它的梦想是变成大力士，搬起一棵大树！"儿子脱口而出。

多好的梦想，太棒了。

这时儿子问我："这个梦想是不是有点疯狂？"我说："梦想就是要疯狂点啊，何况它的名字就是疯狂兔。梦想就是一个说出来可能会被别人嘲笑、觉得不可思议、很遥远的事情，但你就是相信自己可以做到。每个人、每个动物都可能有梦想。一个兔子渴望变成大力士，搬起一棵大树，这是多么伟大的梦想啊。你也可以有这种疯狂的梦想，也许很多年之后，你今天创作的疯狂兔的故事、你画的疯狂兔的漫画（他喜欢画漫画，见图2-2），可能会被改编成电影，也许今天就是你梦想的开始。"

这时，作为老爸的我知道话题该点到为止了，再说就越界了。

就像电影《阿凡达》里"I SEE U"（我看见你）一样，儿子闭着眼睛，"看见了"疯狂兔的英雄之旅。最后故事的标题就叫《疯狂兔搬大树》，故事概要是这样的。

图 2-2 《疯狂兔》漫画

从前有一只兔子叫疯狂兔，它有一个疯狂的想法，它想变
成大力士。它想到也许可以向大象求教，于是它去拜师学
艺，结果大象嘲笑它，觉得它是一个小动物，不愿意带它玩耍；
后来又有人告诉它："你可以向熊取经。"但是几乎所有的朋
友都说："和熊玩耍太危险了，熊会把你吃掉。"

但是它说："谁让我是疯狂兔呢。"所以它想办法去靠近熊，
把自己最爱的零食换成一罐熊最爱的黄蜂蜜，作为礼物送给

熊。但熊有些好吃懒做，它收下了礼物，却不认真教疯狂兔功夫。

到最后，一只从天上飞过的老鹰告诉疯狂兔："说不定你可以自己修炼，先变成个'小力士'，再向大力士升级。"

从那天开始，疯狂兔开始做"傻事"。它第一周练习搬一块小砖头负重行走 1 公里，第二周每天搬两块砖头……练习满一年的那天，兔子搬着 50 多块砖头，也能轻松走 1 公里。

在写作过程中，儿子问我，50 块砖头的重量应该和一棵大树的重量差不多了吧，我说："对呀，当然对啊，你说得对。"

有一天，一场风暴过后，有不少树被连根拔起，疯狂兔看到家门外有一棵树倒了，它特别有爱心，想把这棵树扶起来栽回去。

虽然它想着自己可能没有这么大的力气，但是它依然想尝试。它试着把树抱起来，没想到一下子就抱了起来！疯狂兔开心地在森林里疯跑，一边跑一边说："我成功了，我成功了！"

儿子开写不久，就从书房跑出来对我说："爸爸，老师让我们写一篇 200 字的作文，我现在刚开了个头，已经 200 字了，怎么办？"

我说："没问题啊，想写什么就写什么，想写多长就写多长。"

我与儿子的交流似乎已经超出了"教他写作文"的范畴，变成了一个亲子沟通的机会，一趟站在孩子的角度看世界的创意旅程。事实证明，这样做的效果很好。

儿子 8 岁时的"作文"

吃掉吧。疯狂兔就去问另一只兔子，那只兔子说："熊最喜欢吃的就是黄色的蜂蜜。"疯狂兔就把家里的零食拿出去卖了，用钱去森林超市买来了很多罐蜂蜜。疯狂兔带着三罐蜂蜜来到熊的家门口，熊推开门，看到了疯狂兔，差点儿就把疯狂兔吃了，疯狂兔赶忙拿出蜂蜜，说："熊大哥，这是我买来的蜂蜜，你如果能让我变成大力士，我就天天给你蜂蜜吃。"熊看了看疯狂兔，答应了。

但想不到，熊是一个好吃懒做的动物。熊每天都向疯狂兔讨要蜂蜜，根本不教它一点儿东西，疯狂兔只好趁疯走了。

疯狂兔看见一只老鹰停在树上，就问它："我怎样才能变成一个大力士呢？"老鹰说："你可以练习抱东西。"疯狂兔听了老鹰的话，回家找到很多块砖头，疯狂兔就每个星期

加一块砖头，已经过一年了，疯狂兔已经抱起了五十多块砖头了，但疯狂兔不知道。星期天，风暴来了，一棵树被风吹倒了，疯狂兔觉得自己肯定不能把树扶正，但它还是去扶了，疯狂兔一扶，竟然把树扶正了，它高兴得活蹦乱跳，大声喊："我把一棵树扶正了！"森林国王狮子知道了，给疯狂兔颁发了"大力士"徽章。

A+
11.8

故事想象合理，内容丰富，书写工整。

著名作家、编剧许荣哲老师是我的好朋友，他去编剧班学习小说创作时，第一堂课是"故事的公式"，老师告诉他，只要掌握这个公式，就能在 3 分钟内说出一个有开头、有结尾、有冲突、有转折的完整故事。

这个公式被称为"靶心人公式"，就是在讲故事之前，先问自己 7 个问题。

问题一：主人公的"目标"是什么？

问题二：他的"阻碍"是什么？

问题三：他如何"努力"？

问题四："结果"如何？（通常是不好的结果）

问题五：如果结果不理想，代表努力无效，那么，有超越努力的"意外"可以改变这一切吗？

问题六：意外发生，情节如何"转变"？

问题七：最后的"结局"是什么？

把上面的问题简化后，可以归纳为：目标—阻碍—努力—结果—意外—转变—结局。我并不希望孩子的写作有太多"套路"，但这样的一个公式或流程图，至少能够帮助逻辑思维欠佳的孩子快速射出创意表达之"箭"。

故事到这里并没有结束。将近一年后的一天，我无意中翻看大儿子书包时惊讶地发现，从《疯狂兔搬大树》开始，他后来"偷偷"继续写疯狂兔系列故事。第六个故事《疯狂兔的一周》写了3000多字，第七个故事《疯狂兔的恐龙历险记》写了1万多字！

而且，他每写完一个故事，都会一帧一帧地把新故事的漫画画出来。因为他酷爱宫崎骏，所以，他在一则日记里这样写道："我未来可能会是个作家，也可能会是个电影导演，我要把疯狂兔的故事拍出来，并且带同学们到电影院看。"

所谓"种下一颗种子，它会发芽，它会长大"，大抵如此吧。世界是孩子的课堂，而父母身在其中的一堂必修课是，鼓励和引导孩子勇敢地打开自己的心房，大胆表达自己的想法，永远富有好奇心，并且心中有梦想，眼里有光芒，去探索，去发现，去创造。我想这是我们能够给予孩子最大的帮助吧。

自信表达的孩子是怎样炼成的

大儿子8岁时创作疯狂兔的故事，其实与我在家里营造幽默、轻松的氛围，引导他们从小一起表演即兴戏剧的习惯息息相关。记得老大2岁时，有一次他和我在院子里玩皮球，皮球被扔到了二楼屋檐台上。我带着他，拿着一把扫把，到二楼打开窗户，用扫把把皮球戳下来，球掉到院子里，我们把扫把也扔了下去。

下楼的时候，我随口说了一句："皮球和扫把是好朋友，刚才它们吵架了，皮球生气地跑了，扫把知道自己错了，去追皮球……"孩子听了之后若有所思，说："爸爸再讲一遍。"

小朋友小时候听故事，有两种情形。一种是同一个故事可以听上100 遍也不腻烦。孩子沉浸其中，自己赋予这个故事和各个角色以情感甚至画面，然后调动自己的情绪。另一种是奇幻之旅，小朋友希望听到一个故事的 100 个不同的版本。这是好奇心的表现，也是他们触碰世界边界的一种天性。

我讲完皮球和扫把的故事后，孩子希望我再讲一遍，我选择了第二种模式——对皮球和扫把的关系或是它们"追逐"的原因加以变通，譬如皮球和扫把在玩捉迷藏，又讲了一个新故事。结果，儿子说："我还要听。"

于是在一个多小时里，我讲了近 10 个故事，主角全是皮球和扫把，但每个故事都不相同。儿子听得如痴如醉，而我讲到筋疲力尽。

等到老二 2 岁时，老大 4 岁了。之前我讲的那一套故事老二也喜欢，但是老大不感兴趣了。一次不经意的机会，促使我启动了"爸爸小时候的故事系列"。

不要以为我要讲阳春白雪或苦大仇深类的问题，也不要以为我要借古讽今或让他们忆苦思甜。相反，我以自己的成长经历为底版，进行了加工再创作，让每一个故事变得或幽默到令他们捧腹大笑，或奇幻到让他们觉得不可思议。故事中还穿插了各种自然、地理、历史、商业与科技的通识启蒙和常识诠释。

这个系列讲了60多集，讲了将近一年，我讲不下去了。为什么呢？因为所有故事都是我即兴编撰而非提前策划的。

后来轮到老三了。一次陪他读到《神笔马良》时，我突发奇想：马良画什么，什么就能变成真的，但如果变出来的东西给人类带来了灾难，他该怎么办呢？

于是我借鉴"巴巴爸爸"系列，郑重其事地对只有2岁的老三说："马良没有去过动物园，有一天他画了一只老虎，没想到老虎跑到了城市中央，周围的人都吓坏了，四处逃窜，马良大惊失色，但是无计可施。

"这个时候，当年他梦到的那个白胡子老爷爷的声音响起了：'你找到一个叫多多（我家老三的小名）的小朋友，他有办法。'

"马良迫不及待地找到了多多，多多对着老虎连喊三声：'变，变，变！'老虎就消失了，重新回到了画里。马良如释重负。"

老三像当年的老大一样听得如痴如醉。自那天起，他就有了两句口头禅：一句是"我的好朋友马良……"；另一句是"我有办法"（从小培养孩子的自信心真的太重要了）。

也是自那天开始，我就开始了"新神笔马良"系列故事的即兴编写和演绎工作。晚上陪老三睡觉的时候，他让我给他讲一集；周末出去玩的途中，坐在车里，他又让我讲一集。

我讲啊讲，讲啊讲，有的时候真是讲到绞尽脑汁、口干舌燥了。一年下来，讲了 50 多集之后，实在讲不下去了，我想让这个故事大结局了。

于是，我就借用了普瑞斯特在《致命魔术》中的桥段，大意是说：马良画画的技艺日益精湛，有一天他画了一个自己，一个看起来和他一模一样的马良出现了。

听到这里，多多先是惊喜，然后又郁闷了，因为他分不清哪个才是他真正的朋友马良，所以他马上喊"变，变，变!"结果两个马良都被变了回去……

全球趋势学家丹尼尔·平克（Daniel Pink）在《全新思维：决胜未来的 6 大能力》（*A Whole New Mind: Why Right-Brainers Will Rule the Future*）中写道，有 6 种能力在未来社会是不会

被取代的，也是我们应当注重培养孩子的 6 种能力——设计感、故事感、交响能力、共情能力、娱乐感、探寻意义的能力。因此，给孩子讲故事、编故事，以及共创故事，就是亲子共同践行这一理念的过程。

很多时候，孩子是大人的老师。我们为孩子们提供成长的营养，他们何尝不是在给我们重生的机会。少年商学院的英文是 YouthMBA，在我的世界观里，它的含义是"孩子让成人变得更好"（Youth Make Better Adults）。

练就孩子自信表达能力的"术"有很多种，但我认为"道"可归纳为一句话：蹲下身来，和孩子一起疯玩，一起创作，天马行空，甚至"肆意妄为"。自信表达是由内而外的一种气场，而不是从表及里的一场修葺。

不要让写作变成一种机械性劳作，导致孩子的创作天赋被冷藏，兴趣降温，从而觉得写作、讲故事是一件很困难的事情。我希望通过上面的做法，让孩子对一切都兴趣盎然，甚至"刹不住车"。正如邓超主演的电影《银河补习班》里所说的："教育是点燃一团火，而不是灌满一桶水。"

"幽默教养法"让乐观成为一种习惯

有一天早上，大儿子即兴写了一篇小文，标题是《我想变成一张床》，大意如下。

> 当我变成了一张床，就可以随时随地地睡觉。但是最后还是被妈妈发现了，因为有一天我快睡着的时候，打鼾了，于是妈妈对着床说："哈哈，困得不行了吧。"咦？妈妈是怎么发现我的秘密的呢？

我为儿子的想象力喝彩，也为他的幽默感骄傲。我很开心，因为这种幽默感与我们家里的氛围以及我们的教育方式息息相关。

作为 3 个男孩的父亲，我最终找到的适合我们家的教养方法：一是幽默式教养；二是游戏化教养。什么是幽默呢？或者说，说到幽默你可能会想到谁？美国的马克·吐温、英国的狄更斯，还是俄罗斯的果戈里？

中国作家老舍先生说过："所谓幽默，既不是呼号叫骂，看别人都不是东西，也不是顾影自怜，看自己如一活宝贝。"幽默，在我看来是在平时、不经意中运用了一些技巧或智慧，将想表达的意思与情绪用看似轻松的方式甩出来，引人发笑，同时给人启发。

幽默成为我们家的文化，毫无疑问有被逼的成分。3个男孩，年龄相差无几，玩闹起来鸡飞狗跳的样子，虽然大家能想象到，但是亲眼见识过的还是会大喊"天啊"。好在我们用了幽默式教养法，家里的"战场"经常秒变"欢乐嘉年华"。

不打不闹的时候，幽默是生活的甜点和亲子关系的催化剂。即兴幽默的故事，真的是教养法宝。家长不用训斥，也不用讲大道理，更不用分析利弊，只用幽默一下，一切皆可化解。

哪怕孩子慢慢长大，上了初中，到了青春期，轻松幽默的家庭氛围也是培养孩子生活感受力和自信表达的土壤。

为什么说幽默感是养育自信孩子最大的法宝？在我看来，引导、营造和培养孩子的幽默感，至少会产生以下4个方面的积极作用。

第一，幽默感能充分调动孩子的想象力。今天，我们的孩子真的特别辛苦。我们不仅要给孩子减负，孩子身上的3样东西，我们也要努力呵护。这3样东西分别是：想象力、好奇心和求知欲。而幽默感是让孩子充分发挥想象力的一个特别好的工具。

第二，一起做幽默故事的编剧，这种"深度幽默"的能力，能激励孩子不断追求新知识，并且融会贯通新知识。很多孩子喜欢《神奇校车》，因为它就是一个把多样性的知识，特别是科学探索寓教于乐的典型。

我们在日常生活中也应该借鉴《神奇校车》的理念，在给孩子讲一个幽默故事时，从文学、历史、科学科技的角度，引导孩子听下去，了解一些通识知识，甚至引导他们去查阅资料，或是听完故事后就"机器人到底会不会取代人"等一些充满哲思的问题进行提问并与你交流或辩论。

小贴士　　　　　　　　　　　　　　　　　　　　　　**奥利奥表达法**

如果和孩子探讨观点写作（Opinion Writing），或者在家里就某一事件进行交流，大家分别发表观点，那么我推荐"奥利奥表达法"。这一表达法分为四步，其英文首字母连起来，正好是奥利奥的英文 OREO！

观点（Opinion）：告诉读者 / 听众你的观点。

原因（Reason）：持这个观点的原因。

例子（Examples）：给出 3 个相关的例子来证明你的观点。

观点（Opinion）：重申你的观点。

第三，有幽默感的孩子心态永远乐观向上，而且会慢慢地学会控制自己的负面情绪。孩子玩玩具的时候遇到了困难，难免会变得急躁；全家一起爬山的时候，孩子有时叽叽歪歪不想爬了。这时，说教无用，我们可以即兴创造一个幽默故事，无论主角是他还是其他角色，让他听完之后哈哈大笑，先缓和情绪，然后主动迎难而上，慢慢在心里种下"是的，我行"（Yes! I can do it）的种子。

第四，幽默感是促进亲子沟通、升华亲子关系的绝好砝码。"读万卷书，行万里路。"在这个带孩子观世界、建立孩子世界观的过程中，幽默感不但能让孩子身心愉悦，还能建立孩子的健全人格，更能使孩子与父母彼此更加信任，感情愈加牢固，且不会随着物理距离的扩大或孩子年龄的增长而变得疏离。

有人会问：这样培养的孩子会不会没个"正形"？我想问的是：你能描述一下你认为的"正形"到底是什么样的吗？

幽默感，并不代表不会严厉。对于一些原则、是非、边界的事情，一定不能含混，这些东西要非常认真、非常严肃地说明。与此同时，你也可以用幽默的方式去讲一个故事、还原一个场景，潜移默化地告诉他，这个边界在哪里，原则是什么，以及底线是什么。

我们同样不能把幽默简单地理解为搞笑或取悦他人，理解为在气氛非常沉闷的时候逗个乐子；也不要试图把孩子变成一个幽默、搞笑的人。有的父母觉得内向的孩子是"有问题"的，希望孩子变得健谈外向，于是在家里制造幽默氛围，但是最终发现孩子在外面还是比较腼腆，于是觉得自己"失败"了。

我想对这样的父母说："你真的想多了，因为一码归一码。" 如果孩子本身就是一个性格内向的人，他同样可以内心非常有力量，并不需要你拔苗助长。幽默教养法只是我们在用幽默的方式和孩子进行亲子互动，并引导他们增强好奇心、求知欲和想象力。

不要贪心地去改造孩子，这完全没有必要。良好的教养方法都指向一点——敢让孩子做自己。

《游戏改变教育》的作者格雷格·托波（Greg Toppo）曾说，那些采取游戏化教育的人投身此领域"并非因为他们有多么热爱游戏，而是由于他们热爱孩子，并且希望给他们更美好的东西"。

在幽默式教养方面，我同样持有这样的理念：我们用幽默感作为家庭教育的一种理念，并不一定是因为我们本身就有幽默基因，而是因为我们非常喜欢孩子，非常希望孩子能全面认知这个世界，永远乐观自信，永远积极向上。

信息技术与数理能力

我愿意用我所有的科技去换取和苏格拉底相处的一个下午。

——乔布斯

苹果公司创始人

让孩子成为"新学习革命"的主人

过去 20 年来，世界各国的基础教育界一直将"信息素养"放在极为重要的位置，其中"信息技术与数理能力"是美国 MTC 学生评价体系中的一项，它对信息素养的培育提出了要求。中国教育部则于 2018 年 4 月启动实施"教育信息化 2.0 行动计划"。

我们以两所知名的非传统学校为例，来看看它们眼中的信息素养与学习方式，从而给今天的父母和教育工作者一些启示，比如应当如何借助现代化工具，给新一代的青少年提供学习支持，让他们真正成为"新学习革命"的主人。

小贴士   **美国 MTC 中学给出的"信息素养"**

A. 理解、使用及应用信息技术。

B. 创造数字知识和媒体。

C. 以不同的形式运用多媒体资源进行有效沟通。

D. 了解传统及前沿的 STEM[1]、纳米技术、人工智能、生物技术等热门议题。

马斯克的儿子们就读的"星球学校"

第一所学校是大名鼎鼎的"硅谷钢铁侠"马斯克的儿子们就读的学校。截至 2021 年，马斯克 6 个儿子中除了 1 岁多的老六，其余 5 个儿子都曾在他所创办的星球学校（Ad Astra School）上学。这所学校现在已经改名为 Astra Nova School，并于 2020 年开

---

[1] STEM 是科学（Science）、技术（Technology）、工程（Engineering）、数学（Mathematics）4 门学科英文单词首字母的组合。其中，科学在于认识世界、解释自然界的客观规律；技术和工程则是在尊重自然规律的基础上改造世界、实现与自然界的和谐共处、解决社会发展过程中遇到的难题；数学则作为技术与工程学科的基础工具。——编者注

始开展在线教育，也就是说，全世界的青少年都可以和马斯克的儿子们就读同一所学校。

马斯克的 5 个孩子都拥有超高的天赋，本来在美国加利福尼亚州的"天才学校"——米尔曼学校学习。该所学校之所以被称为"天才学校"，是因为这里只招收智商 138 以上的孩子，被《洛杉矶时报》誉为"让聪明大脑散发光芒的地方"。但马斯克对此却不满意。

其一，传统学校能向孩子教授很多知识，却不注重培养孩子解决问题的能力。

其二，传统学校能教出品学兼优、听话规矩的孩子，却不太鼓励创新思考。

正因如此，马斯克采取了"行动"。

○　"我的孩子主要通过互联网学习"

在马斯克看来，善于运用科技与互联网工具、有创新思考能力、擅长解决问题才是孩子最重要的品质。

曾有一位采访者问马斯克，教育一个 5 岁孩子最好的方式是什么，以及他如何看待这个孩子未来 5~10 年的教育问题。

马斯克想了几秒后，表示互联网对孩子们的教育会产生很大的积极作用。"据我观察，我的孩子大多是通过 YouTube 和 Reddit[1]接受教育的。"

因此，在 2014 年，他让 5 个孩子退学，直接创办了一所实验学校——星球学校。

马斯克创办这所学校的目的是，对自己的孩子及遴选过的太空探索技术公司（SpaceX）员工们的孩子进行教育，使这些孩子更加契合未来的学习与生活。因为不对外开放，所以截至 2018 年，该学校也只有 40 名学生。

星球学校的课程设置侧重于人工智能、编程和应用科学。其课程体系中既没有设置体育和音乐，也没有外语，因为在马斯克看来，实时翻译软件很快就会让外语课程变得无关紧要。

由于学校是定向招生，一直以来非常神秘。直到这所学校的校

---

[1] Reddit 是美国一个社交新闻站点，用户可浏览网络内容，发布自己的原创动态并加标签，便于其他用户浏览感兴趣的帖子，了解新鲜事件和热议话题。

长——约书亚·达恩（Joshua Dahn）（曾在米尔曼学校教书）
几年后接受了美国奇点大学联合创始人的采访，谈了学校的教育
理念和课程设置等，外界才得以了解到更多该学校的信息。

马斯克认为，一些传统学校就像"流水线生产"，总是让孩子争
取"完美"的履历，多参加几次课外活动、多掌握几门外语，却
忽视了培养孩子解决问题的能力。星球学校则相反，我们可以一
起看看该校学生典型的一天校园生活。

比大部分传统学校上课时间晚一些，这里早上9:30才开始上课。

虽然大家都在学"计算机科学"这门课，但因为进度、兴趣
不同，其中一组学生正在学 Scheme 语言，另一组学生则在
学习 Swift 语言。

还有一组学生，则在鼓捣应用科学——他们准备在几周后将
气象探测气球发送到高空，现在正在计算应该在哪里发射以
及将在哪里回收……

到了下午，学生们可能会一起拆开引擎，看看扳手和螺丝钉
到底怎么用；有时，他们还会一起做一个项目，比如小组合
作写一份商业计划书。

在星球学校学习，最大的特点就是"个性化"。年龄最小的学生仅 7 岁，最大的 14 岁，但不分年级，只看兴趣和能力。

○ 鼓励反常识、反直觉的思考

在日常教学过程中，归纳起来，有 3 件事情是星球学校极为重视的。

第一，把现实问题搬到课堂上。这从星球学校招生的面试问题就能看出一二。比如，对于总统竞选、环境污染有什么看法？对于未来科技，如星际旅行、人工智能了解多少？

第二，极度注重应用和实践。比如，星球学校检验学生的计算机技能的方式不是通过考试，而是通过举办大型的市集活动，让每位学生推销自己设计的网站，为其他人提供服务，然后利用学校发行的"虚拟货币"进行交易，等等。

第三，鼓励孩子大胆表达。每个学年结束，星球学校都会举行"座谈会"，要求每位学生都进行一场 TED 式演讲，并且仪式非常隆重。比如，有场"座谈会"曾在加州大学洛杉矶分校举行，由朋友、家长、教授近 200 人组成的观众团莅临现场，每位观众要对每位同学的"表演"做出评价，评价标准涉及眼神交流、内容、说服力等各个方面。

在常规课程之外，星球学校也非常注重培养孩子的创新思考能力。马斯克认为，他学习物理时受到的思维训练应该被推广到日常学习中。这一训练就是永远先假设自己的观点可能有错，然后努力去证明自己没有错。这对于孩子们思考反直觉、反常识的事情大有裨益。

星球学校的校长约书亚·达恩时常问学生这样一个问题。

> 今天你要做一件事情，负责发工资给以下5位：教师、消防员、军人、市长、警察。想象一下，就像在餐馆里买单一样，你有面值分别为5元、2元、1元的货币。请给他们中每个人分配一个金额。

很多学生都认为军人应该多拿一些，因为他们的工作最危险。在校长看来，这时一定要追问他们"为什么"。

> 为什么你分配给军人的是最高的金额？警察的工作不危险吗？你认为警察的工资应该比市长多吗？这个城市有多大？警察有多么重要？教师教学有效吗？

为了回答这些问题，孩子们必须不断证明自己的观点，而这个看起来不断遭遇"挫败"的过程，正是在帮助他们摆脱常识的局限和偏见，走向独立的、创造性的思考。"你失败的不够，只能说明创新精神还不够。"马斯克说。

有趣的是，还有不少"道德两难""多方会谈"等开放性思考题。

> 一家工厂排放有害物质破坏了一个村庄的生态系统，你认为，村庄中的管理者、普通民众、污染方各自应该承担多少责任？

> 现在就核能问题分成 3 个小组，模拟三方谈判。3 组人分别代表支持核武器的 A、反对核武器的 B 和保持中立的 C。A、B、C 的目标分别是什么？其主张的观点有哪些？如果你代表其中一方，会如何让自己的利益最大化？如何与别人达成共识？

○ 开放网课，考查"难题响应"

如今星球学校由原先的非营利性组织变成了营利性组织。其理念与过去并无二致，但在经济利益上已经与马斯克没有关系了，他的 5 个孩子也都因超过 15 岁离开了这所学校。而这所学校最大的变化是：变得开放了。

这个开放，不仅指更多的美国孩子可以申请，而且星球学校在 2020 年疫情期间顺势而为，推出了在线学习计划（AAOL），每年学费 7500 美元。只要是 9~17 岁的青少年，无论身处何处，皆可向星球学校提交申请。

提交的申请资料主要包括以下 3 个模块。

一是"难题响应"。申请者要在 14 个难题中任选其一，3 分钟内说明自己的答案、选择及原因。这 14 个难题涉及湖、蓝彗星、宝藏、狐狸、巧克力、比萨饼、火星人、总裁、恐龙、外星人、飞行自行车、机场、邻居、湖人归来等话题。

二是"学生愿景"。申请者要回答"你最热衷什么"，并分享一个令人感兴趣的探索过程或展示最终作品，形式可以是书面作品、表演、模型、图片、屏幕截图等。

三是"父母声明"。申请者要让学校了解更多关于申请者父母的信息，以及父母期待孩子在学校"找到什么"。

"14 个难题"的题目都以 1 分钟左右的视频形式呈现，孩子会比较喜欢。我随手翻译了两道难题。这两道题目可以给孩子做一做。第一道题可能相对容易，但也别急着下判断，关键是听听孩子为什么这么做。

难题之一：巧克力工厂难题

想象一下，有一家非常著名的巧克力公司 Astra Sweet，它生产的巧克力是世界上最好吃的巧克力，但是这个巧克力的配方表是由公司一名员工 Nova 发明的。这个配方表目前属于绝密信息，现在 Nova 想自己创办一家巧克力工厂，名叫 Nova Sweet。请问：Nova 能把她在 Astra Sweet 公司发明的绝密配方表用在她即将创办的公司产品上吗？

A：不行，这份配方表归 Astra Sweet 公司所有。

B：可以，Nova 自己创办的公司也可以用。

你选择 A 还是 B 呢？为什么？

难题之二：飞行自行车谜题

想象一下，有 3 家公司同时发明了飞行自行车，但其中一家名叫 Astra Bike 的公司做得比其他两家公司好一点，因为它的设计、工程、制造以及营销团队合作得非常好，但是目前整个市场的竞争非常激烈，其他两家公司一直在想方设法超越并取代 Astra Bike。

现在，Astra Bike 必须做出抉择：公司现有的资金仅够它们发展业务部门中的一支团队，如果选择错了，那么它可能会失去目前的市场领导者地位。

你认为，它会如何抉择？

A：设计团队。如果投资设计团队，那么设计师就能为公司打造一个全新的、与众不同的产品——一个能飞的滑板。

B：工程团队。如果投资工程团队，那么制造者就能把现有的飞行自行车升级成一个新版本，飞得更快、更高。

C：制造团队。如果投资制造团队，那么工程师会让自行车的生产速度变得更快，而且成本更低。

D：营销团队。如果投资营销团队，那么营销人员通过投放广告，可以把 Astra Bike 打造成全球知名品牌。

问题来了：作为老板，你会选择把资金投资给哪个团队？为什么？

毫无疑问，星球学校依然在践行以学生为中心、激发其好奇心与才能、鼓励批判性思维、培养解决复杂问题的能力的价值观。

选拔"全球最聪明的大脑"的学校

讲完了面向青少年的"马斯克牌"未来学校,我们再来看另外一所被称为拥有"最聪明的学生"的奇点大学(Singularity University, SU)。奇点大学是由谷歌公司和美国国家航天局(NASA)共同成立的一所未来学校,主要研究纳米技术、人工智能、无人驾驶、生物科技等高新技术,教授对象主要是创业者和企业高管。

奇点大学的核心拥趸来自硅谷。谷歌联合创始人拉里·佩奇(Larry Page)等科技名流对其推崇备至,据说佩奇每年只给公司的公关活动预留 8 小时的时间,却积极参加奇点大学的活动。

○ 培养志在改变世界的通才

奇点大学的发起人包含一些诺贝尔奖得主、哈佛大学医学博士、太空科学家,还有谷歌公司的全球工程总监等。这些人聚在一起,借用太空物理学里的"奇点"一词为该校命名。奇点的英文是 Singularity,含义是黑洞中央质量无限大、体积无限小的一个点。因为没有人知道穿越过这个点后,人类到底会到什么样的地方,所以这个名称也用来隐喻未来的突破点和转换点。

这所学校中的每一个人，包括每一位老师和创作单位，都希望能够率先思考人类、科学、社会、文明的下一个突破点和转换点，并且尽早抓住机会，让自己成为下一个时代具有影响力、能够改变世界的人。

彼得·戴曼迪斯（Peter Diamandis）是奇点大学的联合创始人和执行主席。他说奇点大学与传统大学的区别是：传统大学培养专家，而奇点大学想要培养"通才"和"大家"；传统大学本科只有四年，学生通过学业考核获得相关学位就算毕业，而奇点大学是终身学习。

实际上，与其说奇点大学是一所"大学"，不如说它是一个学术研究与创新创业孵化器，一个让人类更加关注未来的媒体平台。

奇点大学成立于 2008 年，其使命是"教育、授权和激励领导者利用指数技术解决人类面临的巨大挑战"，初期提供为期 10 周的"研究生学习计划"（学费 2.5 万美元，通过率极低）。该计划后来更名为"全球解决方案计划"，之后又升级为"全球创业计划"。两位创始人非常活跃，也不时引发一些争议。雷·库兹韦尔（Ray Kurzweil）著有《奇点临近》，戴曼迪斯著有《未来呼啸而来》。

英国《卫报》记者卡罗尔·卡德瓦拉德（Carole Cadwalladr）

在 2012 年 4 月参加了奇点大学的执行力培训课程。她在文章中称，上课第一天，教室里的学员被分成了 3 个小组：一个致力于解决教育问题；一个致力于解决贫困问题；一个致力于解决饮用水问题。在接下来的 7 天里，学员们通过听课及讨论探索这些问题的解决之道，并最终将项目孵化成创业公司。

根据美国新闻网站 BuzzFeed、《连线》杂志及《赫芬顿邮报》等媒体的报道，奇点大学里讨论的话题有无人驾驶、脑机连接等，一些在前些年看来不太现实的话题，如今已经不再虚无缥缈。

有一次，我在台北遇到科学博士葛如钧，他是台北科技大学的年轻教授，还在电视台做科普节目的主持，人称"宝博士"。他也是一位区块链工程师，同时也是虚拟现实（VR）、增强现实（AR）及人工智能公司的创始人和顾问。聊天得知，他是奇点大学在中国台湾地区录取的第一人。我随即邀请他与少年商学院合作，分享在奇点大学的见闻并录制一些课程，他欣然答应了。后来"NASA 太空旅行课""给孩子的人工智能课""给孩子讲区块链"陆续上线，可谓给华人青少年提供了未来科技知识的"大餐"。

○ 指数型思维：如何影响 10 亿人的生活

从宝博士口中我们得以了解奇点大学的课程特点，以及他真切的个人感受。以下是 2018 年他受邀参加少年商学院国际素质教育沙龙时所作分享的内容摘录。

奇点大学认为，在未来社会，综合型人才是更好且更重要的，这可能是我入选的原因。事实上，2014 年那一年，奇点大学在全球范围内只征选了 80 位学员，来自 35 个国家和地区。

在奇点大学的学习过程中，学生从入学前到学期中，再到学期后，最后毕业，从头到尾只有一张考卷。这张考卷只有一道考题。这道考题就是：每一个人要去思考如何在未来的 10 年内去积极、正面地影响 10 亿人的生活。

这道考题大家觉得难不难？你看看身边的人，要改变身边的 1 个人、10 个人，100 个人，甚至 10000 个人已经很不容易了。那么，要去思考改变 10 亿人的生活、让他们的生活变得更好，这道题就不容易了。

但是，奇点大学也教给我们两个思维工具，在整个学习过程中我们只学这两个思维工具：一是指数型思维；二是射月思维（Moonshot Thinking）。

什么是指数型思维？人类过去发展的 15 万年，我们已经习惯了一件事情——做线性发展。奇点大学为了改变我们的固有思维方式，分享了很多案例。比如，感测技术就是指数成长，20世纪60年代火箭内部导航感测装置像一张桌子一样大，重达20千克，造价数百万美元；2015年以后，智能手机中的感测器比人的指甲还要小，它发挥的功能与当年火箭中的设备是一模一样的。

指数型思维的核心是，让事情变得不同，而不仅仅是变好。我是学影像的。大家有没有想象过再过40年或者只要再过20年，再好10亿倍的数码相机或手机摄像头又会被设计成什么样子呢？

让孩子看到未来的"后脑勺"

马斯克的星球学校与谷歌和NASA合办的奇点大学，异曲同工之处在哪里？它们给我们怎样的启示？

第一，尽早让孩子找到自己的才能与兴趣，然后进 步激发他们挖掘自己的潜能。

什么叫才能？什么叫兴趣？宝博士说，才能就是你做一件事，比你身边的那个人做得好10倍，但是你不一定比他开心10倍、享受10倍；而兴趣就是你很努力，你投入了10倍的时间，却不如身边的那个人随便做了 10 分钟做得好，但是你却比他快乐 10 倍。

他说："找到这两件事情的其中一件就能找到未来的方向，就是未来幸福的孩子。如果你的孩子有一天能够找到一件事情，这件事既是才能又是兴趣所在，那么他一定能成为'人生赢家'。比如，乔布斯就是这样的人，年轻时的他每天早上 4 点起床去工作，对他来讲，他的工作既是才能——怎么做都比别人好 10 倍；也是兴趣——怎么做都比别人快乐 10 倍。"

第二，拆掉思维的墙，大胆想象，大胆决策。

我们的孩子都是"苹果世代"，信息四通八达，科技日新月异，他们被移动互联网与物联网簇拥着，因此我们一定要从小呵护孩子的好奇心和想象力。

人工智能再厉害，它们也只能依据一个主轴做思考。这个主轴是风险最小、收益最大，但是有一种思维方式是人类才拥有的，这种思维方式风险很大，收益更大。大胆的思维、大胆的勇气只有人类才拥有，而且是人类必须拥有的。这些精神也是我们的孩子必须具备的，只有这样，人类才有可能超越计算机。

无论老师还是父母，平时请多和孩子讨论一些开放性甚至科幻类的话题吧，譬如"哪一年的世界杯会有超过 1 万人在虚拟实境里观看？""20 年后最流行的玩具会是什么？""30 年后最恐怖的犯罪形式是什么？"

对孩子来说，改变 10 亿人的生活甚至改变世界，都是有可能的。我非常不喜欢一些大人对孩子说类似"改变世界，不如改变自己"的话，为什么不能先改变世界，或者说改变自己的同时改变世界？

不要把成年人的己见和对自己的局限投射到孩子的身上。互联网与新科技赋予人类各种可能性，而马斯克这样的创业领袖则给我们树立了榜样。

为什么我还要加上"坚守长期主义"的前提呢？什么是长期主义？用一句网络流行语来说，长期主义就是"永远做你余生中最重要的事"。我曾把这个问题抛给宝博士，他的回答是这样的。

> 对我来说，长期主义就是对未来有帮助的事情，一定要排在绝对优先的位置。但这个未来，不是我个人的，而是这个社会的。我从二十几岁开始，就在思考人活一世的意义，个人的成就不是最重要的，一定要在离世之前做一些对世界变迁有意义的事。

坚守长期主义理念的父母或老师，能够经常性地站在未来看待现在。这样，我们不但能知道究竟应当培养孩子的哪些能力，还将释然，能够"去繁从简"，专注于最重要的事，并将这种价值观与人生观代际传承给我们的后代。

杨德昌导演的电影《一一》非常有名。其中有一个小男孩，他拿了照相机觉得很新鲜，于是到处拍，但都是拍人的后脑勺。他的爸爸看了照片之后问他："你洗出来这么多的照片，怎么每一张都是后脑勺？"

小男孩说："我觉得拍这个很有意思。因为每个人都应该看到自己的后脑勺，但是他们都看不见。我希望让他们看见本该看见的东西。"

每个人、每个孩子都应该去追逐"未来的后脑勺"，不断地"拍"，"拍"了以后给现在的自己看，更给未来的自己看。这将是人生最宝贵的财富。

从孩子改造北极博物馆说起

理想的学校就应该像儿童博物馆一样，给孩子上课的老师应该是各行各业真正的专业人士。这样的好处是，这些专业人士可以带着孩子一起在真实的世界探索和解决问题，他们教给孩子的是真正实用的知识和能力。

——霍华德·加德纳（Howard Gardner）
"多元智能之父"、哈佛大学心理学教授

我一直倡导"让世界成为孩子的课堂"，这里的"世界"有 3 个维度：一是时间维度（经典名著与名校通识课程）；二是空间维度（物理场景及线上与线下相结合）；三是人的维度（各行各业的专业人士）。少年商学院围绕这一理念建构连接世界的共享课堂，与此同时，也帮助全国逾百所学校实现了转型。

"博物馆式的学校"

这是北京的一所公立学校，它虽藏身于小区深处，但人们漫步其中，就像身处一座博物馆。教室和长廊里贴满了孩子们的创意作品及其介绍，各个转角都有学生的实体产品陈列与展示。"博物馆式的学校"正是这所学校最大的特点，而这个最大的特点，则是由学生共创的。

这所学校的学生从小学一年级开始，每学期都会做一个项目——基于社会真实问题的项目，从老人手机扫码难到北京小区停车难，从垃圾回收再到水资源匮乏、森林保护……这些都是学生们从小要探究、学习的重要课题。

有一天，学校总校长马骏找到我，希望少年商学院能支持学校做一个项目，进行北极博物馆大改造。我的第一反应是我听错了：是北京博物馆大改造吧？"你没听错，"她说，"我们要在学生们暂时没有去过北极博物馆的前提下，分组设计出北极博物馆改造方案！"

"给芬兰友好学校一个惊喜"

"我们想给芬兰友好学校一个惊喜。"马校长说。原来这背后还有一段故事。北极博物馆位于芬兰,是一所研究和展览极地文化的博物馆。这所学校和芬兰的一所小学互为友好学校。而马校长去芬兰考察和交流期间,看到当地学校都会组织学生去北极博物馆深入学习,发现和解决问题,为博物馆出谋划策,于是她便和芬兰友好学校共同发起了这一国际交流项目,并规划了三步。

第一步,通过游戏化学习的方式,北京的学生也能学会观察、发现问题,并以策展师的身份了解极地知识,重新策展,改造北极博物馆,让更多人重新认识极地。

第二步,邀请芬兰友好学校的师生来北京考察交流,北京的学生借机展示他们的改造和策展方案。

第三步,马校长带领优秀的学生飞到芬兰,与当地学生一起去北极博物馆,进行实地考察并与博物馆馆长交流,让北极博物馆真正采纳可以应用的策展方案与主意,这些学生就能成为博物馆的小小策展师。

四步流程,线上与线下相融合

如何才能实现这个惊喜呢? 在这里,我简要说一下流程。

○ 流程一：线上游戏化学习，储备博物馆知识

面对一个陌生的话题，必不可少的一项工作就是收集大量的资料
并进行信息筛选。项目启动后，学生们的第一个任务是从网络、
图书馆里收集与博物馆和极地文化有关的资料，领取线上预热视
频，有针对性地进行思考和深入研究。有名学生在观看预热视频后，
自发收集了许多资料并将其制作成 12 页的 PPT。

从上网收集资料、筛选所需信息，到分析信息后形成自己的观点
和看法，无一不是对信息搜索能力和独立思考能力的锻炼，其背
后考查的是学生的信息分析能力和媒介素养（本书第 8 章有详
述）。

○ 流程二：线下策展思维课程，初尝设计挑战

在前期预热之后，迎接学生们的就是 200 分钟的策展思维课程，
由少年商学院教研老师 Evan 主讲。

什么是策展思维呢？

策展是信息的感知、收集、分类、综合和展示的过程，策展思维
的关键在于思维的转变。一旦学生从看展览的游客变成博物馆展
品的策划师，每件展品该如何摆放，先后顺序是什么，如何让所

有展品之间建立联系、讲述一个吸引博物馆游客的故事……都是他们需要考虑的问题。这背后就是一门学问——策展思维，对应规划能力、同理心（换位思考）和讲故事的能力。

例如，英国地铁博物馆在做展示的时候发起了一次投票，询问大家在地铁上最常丢失的东西是什么。投票结果第一名是雨伞，于是这个博物馆在策展时就展示了一个地铁工作人员沿路收集雨伞的过程。

在课程设置上，学生们以小组为单位进行探索学习，从模拟小区便利店店长进行商品摆放开始，像策展师一样学习策展的方法，针对策展主题进行深入学习，设计展品陈列方式，让展品"活起来"。现场，学生们还进行了一个策展小练习，为乐高玩具布置了一个展览，从中更加深刻地体会了从用户角度出发的设计。

而在课堂上，学生们不仅学习了博物馆的策展知识，还对北极的文化、生态环境有了更加深刻的了解。

原来北极的生态环境恶化已经那么严重了，北极熊的日子太难过了。

萨米文化很有趣，我也很想去亲身体验一下，并把这些展示出来。……

上完课，学生们都积极分享自己的感受。在课程中，除了老师的讲解介绍，大家还灵活运用了平板电脑等学习工具，观看相关视频，阅读相关资料，就自己感兴趣的话题自主进行了深入研究。

这样的学习方式，其实就是国际上颇为流行的项目制学习，即孩子们围绕一个项目主题而不是一个知识点，展开跨学科的项目制综合学习。

在一定的时间内，学生选择、计划并提出项目构思，通过多种形式解决现实问题。这样的项目学习，可以最大限度地调动学生的学习积极性，同时也能提高学生解决问题的能力。

○ 流程三：在实践中真正感受策展思维

一般认为，上完课就意味着项目结束，但在这里不一样。在课程结束后，Evan 老师还发布了一项重要挑战：学生们需要以组为单位，围绕"北极博物馆"这一主题，从极地生物、极地环境、极地生活等 6 个议题中选择 2 个进行策展设计。

与此同时，学生们还需要进行线下调研，更加深刻地认识博物馆。这一次，他们选择了北京首都博物馆。这可不是走马观花地参观，而是带着问题、带着策展思路图实地调研，从策展师的角度有针对性地重新观察和思考博物馆的策展及规划方式。调研结束后，大家还聚集在一起分享了自己的观察和发现。

○ 流程四：展示项目成果，不断优化改进

经历了课前预热、200 分钟头脑风暴课程、与芬兰友好学校的学生线上交流、小组头脑风暴之后，每个小组最终形成了自己的策展方案，并在班上与其他同学作了分享，碰撞出不少新火花。

其中一组将北极"拟人化"，设计了一个北极的"生老病死展"，从冰川的起源（生）到冰川老化（老），再到面临环境危机（病），最后到其消亡（死）。拟人化的展示和精彩的讲解，让在场的学生听众都深刻地感受到了北极环境保护的重要性。不少同学还为其他小组的设计出谋划策，提供了新思路。

从"要我学"到"我要学"

不少朋友可能已经猜到了，这所博物馆式的学校便是北京呼家楼中心小学。这所学校非常注重项目制学习，学科老师也被鼓励将作业设计为与孩子学习和生活相关的主题，引导学生创新与解决问题。

呼家楼中心小学率先发起了国内的项目制学习联盟——PDC 联盟，

开始是北京十校联盟，而后向全国扩展，现在加入这一联盟的学校已逾百所。2018 年 3 月，PDC 联盟还走入全国"两会"，成为中国创新教育的先锋项目。

"北极博物馆大改造"的项目成果在北京主办的中、芬、美等六国代表学校及教育官员参加的国际 PDC 研讨会上展示，得到了广泛的赞誉，甚至引发了轰动。

PDC 是项目（Project）、驱动（Drive）、生成（Create）3 个英文单词首字母的组合，与项目制学习异曲同工，目的是在各种各样的实践项目中激发学生学习的兴趣，形成解决问题的思维和方法，使学生从被动吸收知识转变为主动学习和探索，让每个孩子最大限度地发挥自己的潜能。

除了"北极博物馆大改造"项目，北京呼家楼中心小学还与少年商学院合作了"未来学校大创想"项目，即让本校小学生设计 20 年后的学校，成果展定在学校建校 55 周年当天。那一天，新老校友前来参加学校的生日会，在校学生们的作品展成为其中最亮丽的风景线。

中国孩子从来都不缺乏创造力，缺乏的可能只是兴趣与才能的激发，以及展示创造力的舞台。今天互联网与信息技术的发展，让激发孩子创造力这件事情变得更容易。

找到孩子在科技时代的 GPS

中美学校样本分析完之后，有朋友问："作为父母，在培养孩子面向未来的信息技术素养这件事上，工具和价值观我们都知道了，但在方法论上，核心到底是什么？普通父母日常又能做些什么呢？"

这是个好问题。我把信息技术素养的核心归纳为 3 种能力，简称 GPS。

>> 游戏化学习能力（Gamification）。
>> 哲思能力（Philosophy）。
>> 解决问题的能力（Problem Solving）。

未来10年、20年，不管科技如何进步，只要不断提升以上3种能力，孩子都能"跑赢大盘"，并且赢在未来。

其中"解决问题的能力"在前文的案例中已有所涉及，在第5章讲创造力及向硅谷学习设计思维时，还将进一步深入探讨。本节我们重点讲游戏化学习能力与哲思能力。

游戏化学习势不可当

孩子天生爱玩游戏。有人将游戏视为洪水猛兽，有人则"顺势而为"，研究如何将游戏化的机制引入我们的学习和日常生活中。很多孩子的兴趣和才能没有被激发，不是因为他们"不行"，而是因为我们没有找到或不敢尝试新的激发方式。

斯坦福大学人文科学和技术高级研究所基思·德夫林（Keith Devlin）博士说，游戏化学习的神奇之处在于艰难的乐趣。"学习经常是艰难的任务，但是，通过正确的思维去开展学习，伴随某种积极正向的反馈，它可以变成艰难的乐趣。千真万确，如果没有困难和挑战，就不会在完成任务后有那样令人满足的愉悦。"

想想看，从小时候的过家家、捉迷藏、扔沙包，到长大后的扑克、桥牌、围棋等，再到现在流行的密室逃脱与狼人杀，是不是总有一款游戏，给你留下了深刻甚至刺激的印象？

马斯克说，教育应该"尽可能的有趣和刺激"，如果从电子游戏的角度思考教育，游戏可以帮助孩子们更多地参与其中。"如果孩子们能超级沉迷于电子游戏，那么他们也就有办法超级沉迷于学习。"

你是否曾为如何与孩子讨论"为什么要上学""为什么要学习"这类话题伤脑筋？实际上，很多时候，对孩子来说，"意义"是最没有意义的，持续行动才最重要。和"为什么要上学 / 学习"这种在现实世界中讲不清、道不明的目标不同，任何人，特别是孩子，在游戏世界里都能够找到明确的目的甚至意义。

最重要的是，这些目标、获得感和意义都是孩子认可的，否则他们就不会持续地玩游戏了。

所以，我给广大父母的第一个建议是，无论学科学习还是兴趣发展，无论线上学习还是线下拓展，无论孩子自我探索还是父母的亲子陪伴，把"游戏化学习"当成重要的元素吧。就像我在前文提到的，疫情期间，我在家里和孩子们"装疯卖傻"，其实是一种游戏化教养方式。

我的一位朋友在女儿 4 岁时，便带她玩纸牌游戏"21 点"的改良版——他把规则改成了 10 点，其实是做 10 以内的加减法。这就是一种寓教于乐的行为，很简单，与其让孩子很枯燥地在那里算加减法，不如把这个过程变成一个游戏，和孩子一起玩。

后来等他的女儿上了初中，他觉得进行经济学通识启蒙的时机到了，就给女儿开了一个模拟的股票账户，而他自己则实盘操作，和女儿玩起了"比赛"。女儿的兴趣就这样被大大激发，主动学习了非常多的与经济学相关的知识，还养成了关注、分析国内外宏观大势的习惯。

在美国，不少小学不仅开设了"数学之旅"的课程，还开展了"数学之夜"的嘉年华活动，目的是让孩子在课堂之外寻找数学之美，重新发现藏在身边的数学。

"数学之旅"可以量身定做，让各个年龄段、各种能力和学习风格的学生都能参与进来。它的范围和目标可以是不同的，可以包含特定的主题，每个主题都有"寻宝"的游戏化设置。在"数学之夜"的嘉年华活动中，游戏节目永远是学生和家长最喜欢、最乐此不疲的。

如果把决策力等能力考量以及精巧的评估嵌入游戏之中，游戏过程也就成了复杂的学习工作，这种工具比起传统的"教和学"，或许能让孩子像马斯克说的那样"沉迷"于学习之中。

有一位家长朋友非常有感触地说："有人说数学是一门严谨的科学，有人说数学是一种美丽的语言。不管数学是什么，让孩子学会在生活中看见它，在游戏中熟悉它，在探索中找到它无限的可能，这就是学习的乐趣。"

老师和家长可借助某些游戏的设计与思维启蒙孩子的数学思维及写作与表达能力。

少年商学院顺势而为，在过往的设计思维工作坊中，开展了譬如"未来学校大创想""未来博物馆大创想""未来书店大创想"等项目，这些无一不是在鼓励孩子们最后的成果展示可以借助乐高等。

对于自驱力与抗挫力都不太强的孩子来说，在现实世界里，努力往往不是达成目标的决定性因素；而在游戏世界中，孩子确信目标是可以通过努力达成的。这一点非常关键。

可能你会觉得这是个例，但从另一方面来说，这无疑得益于他的父母对游戏较为开明的态度和正确的引导。如果孩子因为玩游戏而交了"坏朋友",也可能是因为孩子不知道如何融入现实生活中的集体,父母可以关心一下,自己的小孩在学校有没有被欺负,与同伴的交往是否遇到了障碍。这往往才是问题的根源所在,而游戏只是他发泄的一个出口。

随着 VR / AR 与人工智能等技术的发展,游戏化学习将会更加受到"10 后""15 后"的青睐,并且可能以排山倒海之势呼啸而来。我们要做的,就是参与其中。

如果说一流的学校是一座博物馆,那么顶流的学校则是一座游戏中心。它应该基于学生的心智、学科的特点、学校的理念,线上与线下相结合,激发学生的学习自驱力与创新自信力,甚至在游戏化的环境里,让学生之间的社交变得轻松和高质量,进而塑造他们健全的人格,培养他们对未来人生规划的感知与掌控力。我认为,这是"学习的未来"应有之义。

从小培养哲思能力的必要性

有心的父母一定注意到,孩子常常语出惊人,特别爱提问类似下面这样的问题。

» 星星是怎么挂在天上的呀?

» 宇宙的外面是什么呀?

» 死是什么呀? 人死了以后会去哪里呀?

正如著名作家、哲学家周国平所说, 孩子们是多么善于提出既不实用又无答案的问题啊。而这些问题正具备了哲学问题的典型特点。哲学开始于惊疑, 孩子心智的发育进入旺盛期, 就自然而然会对世界感到惊奇, 对人生产生疑惑。

当我们无法给出答案时, 不妨引导他们"学"哲学, 用最原始的方式思考。而这种思考, 就是要靠哲思能力。哲思的全称是"哲学情感思考能力"。如果说创意基于很广泛的思考, 那么哲思就要求人们深入思考某一件事。

或许有人会说, 自由、公平、死亡这些真正的哲学问题没有终极答案, 更没有标准答案, 让孩子思考这种问题究竟有什么用呢?

周国平的回答是: 如果你只想让孩子现在做一架考试的机器, 将来做一架就业的机器, 那么当然不必让他"学"哲学了; 倘若不是如此, 而是更想让孩子成长为一个优秀的人, 哲学就是"必修课"。

星球学校校长约书亚·达恩说过类似的一席话："孩子们都希望有机会提出自己的思考并做出自己的决定，都希望找到自己的激情、兴趣，甚至职业生涯。他们想在一个'成长农场'而不是'考试工厂'里学习。我们的教育不能再停留在'复制粘贴'的模式中了。"

简单来讲，在今天这个时代，有特点很重要。如果说游戏化学习要紧跟信息技术时代不断演进与变化，那么哲思能力则因为"不变"会让人们显得深刻而富有个性。

实际上，世界名校的入学面试越来越注重考查学生的哲思能力。以英国为例，牛津大学和剑桥大学在本科生入学面试时，经常会问一些"稀奇古怪"的问题。

» Would you prefer to be a vampire or a zombie?（你愿意当吸血鬼还是僵尸？）

» Does Google know us better than we do?（谷歌比我们更了解我们自己吗？）

» All lives matter. Do they?（所有生命都重要，是吗？）

» Can a thermostat think? Does a snail have a consciousness?（保温箱会思考吗？蜗牛有意识吗？）

这正是应了苏格拉底那句名言："未经省察的人生不值得一过。"

我们要培养孩子独立思考的能力，但如果一开始就向孩子灌输了一套固定的标准，他们没有用自己的头脑去观察世界、思考问题，那么他们所拥有的思想其实都只是知识的堆积而已。

而培养哲思能力就是促使学生思考、提问。它并不会告诉你什么是对的，什么是错的，培养哲思能力更重要的是让学生思考这种说法是否合理、是否站得住脚——带有人文底色的思辨，带有普适价值的审视。

"文化让我们更人性化了吗？" "我们能抛弃真理吗？" "欲望是我们自身缺陷的表现吗？" ……这是 2019 年法国高中生在毕业会考（BAC）的哲学考试中要回答的问题。哲学考试是所有法国高中生都必须过的一关——不管学生主修文科、商科还是理科，在高三时都必须修习哲学课程，毕业时也都必须考哲学。

在法国，中学哲学教育的目的，并非造就哲学家，也不是让法国人掌握哲学，而是培养具有自由精神、批判意识和政治责任的"开明公民"。

中国的哲学文化绝不逊色于法国，但对于哲学的重视程度却有待提高。很关键的一点是人们对于学习的标准是：我学这个有什么用？然而，在这个世界上，你终会发现：无用之用，方为大用。

当然，这里的"无用"是带引号的。我们从法国高中会考哲学考试题中可以看出，哲学教育与现实是紧密相连的，它引导学生思考与人性有关的基本问题，让学生学会独立、批判性思考，探索个体与世界、他人之间的关系，帮助他们了解这个复杂的经济社会、文化世界，更好地投身于公共决策。

世界各地的名校陆续开设了哲学课。从法国到德国，从英国到芬兰，每个孩子从小学阶段就会开始修习一门哲学课。

最近一些年，上海、扬州等地的一些中小学也陆续开设了哲学课。少年商学院从 2016 年开始，用视频直播的方式开设了"青少年哲学思维课"，第一期就招募了 300 多位全球 9~13 岁的华人少年，收获了巨大反响。截至 2021 年 5 月，5 年来在少年商学院修过哲学课的孩子超过 5000 人。

在这门课程中，"打开哲学家的工具箱"模块引导孩子学会提问，学会归纳推理与演绎的艺术，并在头脑中构建一间实验室；"自我探索之路"模块让孩子认识和接纳自己（情绪有好坏之分吗），引导孩子思考善良与邪恶，并辨证地看待美与艺术（人工智能创作出来的艺术品可以称之为艺术吗）；"世界是这样思考的"模块则更进一步引导孩子思考自由与选择、公正与平等、科学与哲学以及生命的意义。

有非常多的孩子和家长表达了哲学课对他们的影响、冲击甚至改变。大多数家长的反馈是，孩子变得更愿意接纳他人的意见、尊重不同观点及与人协作了。还有一部分家长说，孩子更加接纳自己，学会了情绪管理，明确了人生追求，这使其学习主动性提高，数学成绩、阅读和写作水平也随之提升。

给我留下深刻印象的同学当中有一个名叫小鹏的小男孩，他生动、形象地展示了自己对"假如生命还有七天"的思考。在生命的最后时刻，小鹏希望能过得充实、不留遗憾。他不仅要陪伴家人、设计飞船、做实验，还要坚持运动、多看看世界，在最后，他还不忘与家人道别。他的妈妈说，她看到孩子的作品时哭了。

我们做"青少年哲学思维课"，更像在进行一场教育实验。从项目设计来说，包含哲学思维在内的 5 个相关联的主题——商业领导力、设计思维、哲学思维、数学思维、演讲与公共表达，是我认为的真正的"少年 MBA 素养"；而从我们秉承的理念而言，我希望将"全人教育"推进得再深入一点。此外，今天孩子们的压力太大，潜在心理不足的比例远超我们的想象。在这种环境下，孩子哲思能力的提升显得更加重要和必要。

我希望这个世界科技再发达、步调再快，每个孩子都能找到自己的 GPS 并大放异彩。就像经典动画电影《疯狂动物城》一样，兔

子不愚蠢，凭借自己的努力当上了警察；狐狸也不狡诈，从小就
内心向善；绵羊也不全都温顺，也有别有用心的个例。大家相互
包容、相互理解，人人平等，拒绝刻板印象，任何人都能成为自
己想成为的样子。

适应性与探索力

今天无论研究印第安箭头、楔形碑文，或是沙石上的动物足迹，秉承的都是同一种精神，尽管它们分别属于考古学、语言文献学和古生物学这 3 类不同的学科。

——查尔斯·W. 艾略特
历史上任期最长的哈佛大学校长

跨学科思维与可迁移能力

几年前，谷歌公司的人力资源总监接受《纽约时报》专栏记者的采访，被问道："作为一家优秀的公司，谷歌在招聘人才时，最看重的能力是什么？"

这位人力资源总监说："无论什么职位，我们首先看 5 种能力与品质：领导力、谦逊、团队合作能力、快速反应和适应能力及终身学习力。"说到"快速反应和适应能力"时，他加重了语气。

我的一位朋友在美国一所文理学院任教，他曾是安永会计师事务所（EY）美国东北地区新兴领导者计划（Emerging Leadership Program，ELP）校园招聘小组负责人。我把这个问题抛给他，他的回答是："最重要的是 Adaptability，翻译成中文就是适应性。"

适应性是什么？就是在快速变化的环境中，遇到各种各样的人和事物时，人们作为一个行为主体，能够快速应对并做出调整，进而适应影响变化的能力。这种能力往往跟分数、学校、学历背景，甚至跟各种才艺教育并没有直接的关系。

在美国 MTC 联盟中学对学生的能力评价体系当中，适应性与探索能力（Adaptability, Initiative, and Risk-Taking）也是 8 大能力之一。

而在《中国学生发展核心素养》的框架体系中，不畏困难、适应挑战、坚持不懈的探索精神和在复杂环境中行动的能力，同样是实践创新与科学精神的内核。

那么，如何从小提升孩子的适应性与探索能力？父母和老师可以做怎样的引导和观念升级呢？这是本章我们要探讨的核心话题。

一枚硬币的魔力

你读过《三体》吧？中国作家刘慈欣创作的长篇科幻小说《三体》
获得了第 73 届雨果奖最佳长篇小说奖。雨果奖也被称为"科幻
界的诺贝尔奖"。在书中，作者建构了一个系统而庞杂的全新世界。
若论小说涉及的学科主题，至少包括文学、历史、哲学、社会学、
法学、政治学、经济学、天文物理、航天、生物科学、国际关系等。

刘慈欣既是一位真正的 T 型人才，也是一位十足的"斜杠青年"。
他的知识储备让人惊讶。他的跨学科思维，也是我们的孩子面向
未来复杂的世界与环境所应具备的一种思维方式。

如何培养孩子的这种跨学科思维方式？我们通过一枚硬币来感受
一下。

"一枚硬币的魔力"（The Magic of a Coin）是少年商学院一
堂经典的财商公开课。过去几年，小小硬币走进了北京、上海、
广州、深圳等城市的不少知名学校，也走进了腾讯等知名企业，
还走进一些金融机构，进入家长社群，甚至还受邀登上由中国
教育部与联合国教科文组织联合主办的国际教育信息化大会的
舞台……

在此期间，我也曾带着硬币，到儿子班上"演出"过一场。

开展"一枚硬币的魔力"课程的关键，是引导和激发孩子们的兴趣。为此，我特意带了不同国家与地区的一些货币，展示了一套美国 50 个州的硬币和一套"中国航天纪念钞"，大家觉得非常有趣。由此，我引导孩子们进行了一次跨学科思考（见图 4-1）。

图 4-1　跨学科思考示意图

现在，请你仔细观察一枚硬币，你能发现它的哪些特点？

○ 讲解"设计"

从外观来看，大部分硬币是圆形或近似于圆形的。为什么大都是圆的呢？

如果仔细观察，你会发现硬币的边缘通常都有一道一道的锯齿状刻痕。为什么设计者会在硬币的边缘设计锯齿状刻痕呢？

孩子们纷纷说出了自己的答案。所有的主动思考都值得鼓励。准确地讲，这一设计是为了防伪，最早是由牛顿发明的。50多岁的时候，牛顿被英国皇家铸币局请去做一些监督工作，没想到他在这个"闲职"上也搞起了科研，并且做得风生水起。这个小发明便是其中之一，这一发明极大地遏制了假币泛滥的现象。

○ 讲解"社会历史"

我们还会发现，硬币上通常会有一个特殊的主题图案。这个图案可不是随便印上去的，它往往与这枚硬币发行的地区和当地的历史文化有关。

这时，大家讨论起美国及世界历史来，同一个国家，不同地区的文化差异是什么？同一个年份，不同的国家分别处于哪个发展阶段？

○ 讲解"科学技术"

仔细观察一枚小小的硬币，你会发现一些硬币上面的人物肖像通常都是侧面的。这时，我会和孩子们互动：为什么会是这样的呢？

首先是因为硬币上的展示空间有限，一般硬币的直径在2~4厘米；其次，金属硬币上的人像模通过雕刻的纹理产生不同的明暗度，以此显示人物肖像，要在硬币这么小的面积上，刻出一张精细到能叫人清楚辨识的正面人脸，难度可不小。

虽然在技术上可以实现，但从生产成本来看是不划算的。继续思考一下：既然侧面好做一些，为什么一些纸币上又用的是正面人像呢？

○ 讲解"经济学"

刷卡、支付宝、微信、比特币、数字货币……

孩子们开始热烈地讨论起新的货币及支付形式。现在"05后""10后"的知识面非常广，不少少年对比特币的钻研与理解超出我们大人的想象。面向未来的货币，我们可以引导孩子们大胆想象。比如，因为时间也是一种非常宝贵的稀缺资源，所以有人曾在科幻电影中预言，未来我们可能会把时间当作货币来使用。引导同学们思考一下，时间货币会是怎样的？

○ 讲解"复利与投资"

我们一起来玩一个游戏，同学们现在每人拿出一张 A4 纸，你能把它折叠 8 次吗？你发现了什么？

假设一张纸的厚度是 0.05 毫米，如果我们可以把它对折 52 次，那么它的厚度将达到 2.25 亿千米，这是个什么概念呢？地球到太阳的距离是 1.5 亿千米。也就是说，把一张纸对折 52 次后的厚度甚至超过了地球和太阳之间的距离。是不是非常神奇？

在数学和经济学上，这被称为"神奇的复利效应"。这也是我们要坚持存钱的一个重要原因。所以，我们引导孩子要有耐心，要学会延迟满足。如果你的方向对了，并且你是一个眼光长远、不懈努力的人，时间会给你最佳的回报。

假设你现在的水平是：1

每天毫无长进的结果是：1

如果每天可以进步 1%，一年后不断进步的结果是：

$1.01^{365}=37.78$

如果每天退步 1%，一年后的结果是：

$0.99^{365}=0.025$

如果你三天打鱼两天晒网，1年后的结果是：

$$(1.01^3 \times 0.99^2)^{73} = 2.04$$

也就是说，对于每天努力一点点的人来说，他一年后将比以前的自己优秀近 38 倍；而每天退步一点点的人，一年之内几乎会把自己的才华消耗殆尽！我一直鼓励同学们通过每天阅读 20 分钟进步一点点，只要你持续去做，日积月累，复利的力量会超出你的想象。

○ 讲解"经济学与心理学"

张老师想请同学们吃比萨，大家都愿意，对不对？但是，如果我连续请大家吃一个星期的比萨呢？早饭、午饭、晚饭，顿顿都吃，你还愿意吗？

这是经济学中的一个重要概念——边际效用递减。它是指当我们得到某种东西的数量越多，这种东西给我们带来的满足感将会不断减少。

同样的道理，对财富的满足感也符合边际效用递减规律。一些同学过年时收到了非常多的压岁钱，一开始拿着压岁钱买玩具的感觉很爽，但随着不断买买买，满足感就变得越来越低，甚至消失了。

畅销书《哈佛幸福课》的作者、心理学教授丹尼尔·吉尔伯特（Daniel Gilbert）也曾说，好东西太多不是好事，比物质富裕更具有幸福感的是时间富裕。想想看，当你外出旅行时，令你印象深刻的是否往往是哪一天在哪里度过了一段怎样的时光？

由于篇幅原因，我在这里就不再列举其他维度的例子了。当时儿子读三年级，所以我讲的内容相对浅显一些，更多的是在对孩子们进行脑力激发与知识延展，一些互动也倾向于创意类型，譬如，为 2030 年的年轻人设计一种"兴趣货币"。大家动手完成后，分小组上台进行方案的发布与阐述。

在这堂财商课中，我其实是想引导同学们：

» 懂得延迟满足、控制欲望。

» 养成良好的习惯，做出明智的选择。

» 明白"天下没有免费的午餐"这一道理。

» 了解复利效应，意识到一切成功源于积累。

» 懂得珍惜与感恩。

» 知道还有比金钱更重要的东西——健康、亲情与友情等。

通过一枚小小的硬币，我介绍了很多知识。孩子们以后再看到硬币时，不会再单纯地把它看成钱，而是将其看成一件可以帮助他们学习和运用多门学科知识的载体或工具，从而打开他们了解大千世界的一扇窗口。

财商培养本来就不是指一门学科的学习,它是一种跨学科的能力培养、一种思维方式,也是构建世界观、人生观的一个过程。

"美食跑车大作战"

跨学科思考可以让孩子学会从多元维度看世界、思考问题,学会提问,将知识融会贯通,最重要的是,跳出思维的条条框框,用全新的方式解决复杂问题。

有家长朋友或教育工作者可能会说"我的知识储备不够啊"。其实,大多数情况下不是我们的知识储备不够,而是觉得养成这样一个习惯太难了。

我再举一个例子:美食跑车大作战。这是少年商学院做过的一个案例,非常生活化,不管男孩还是女孩,都很喜欢。如果家里有多个孩子,特别是家里有多个"小吃货",父母可以试着在家里发起一下。

简单来说,美食跑车大作战就是在预算有限的情况下,用胡萝卜、蛋糕、饼干等食物,制作一辆"可以吃的跑车"(Edible Car),

通过采访调研、头脑风暴、商业设计，让孩子创办一家属于自己的未来餐厅。

○ 物理：用美食组装一辆超酷跑车

我们可以引导孩子思考：什么样的食物坚硬而且重量轻，适合做车身；什么样的食物坚硬而且形状是圆的，适合做车轮，可以跑得更远……通过以上思考，孩子可以掌握一定的物理学知识与工程原理（如何保证车体的平稳）。

○ 自然：画出一年四季对应的美食

日本非常流行"食育"，它是指让孩子亲自参与粮食的生产过程，从中了解植物的自然生长规律，进而敬畏食物、爱惜食物。中国到处都是美食，是时候启发孩子梳理一下四季不同的各式美食了。我们曾在多个城市发起这个项目，记得有一次在"美食之都"成都开展这个项目时，大家的"食育"和"食欲"皆被彻底打开了。

○ 财商：如何只用 100 元买到足够的材料

很多孩子对花钱甚至物价没有什么概念，在准备上面提到的"美食跑车"比赛时，所有同学被分成了若干个小组，以小组为单位设计完草图、写出材料采购清单后，他们揣着 100 元就出发了。

反复提醒孩子们预算有限是非常必要的。为了买到最合适的材料，孩子们不得不货比三家，这个过程的学习远比生硬地塞给孩子经济学概念与常识更有效。

○ 调研：到街头采访、调研人们的饮食习惯

作为家长，十分有必要让孩子们从小明白健康饮食的重要性。让孩子们走进快餐店及其他餐厅，采访一下消费者的饮食习惯，并且向消费者科普健康饮食的重要性，这个任务能够帮助孩子暂时摒弃对美食的偏爱，更加主动地学习健康饮食知识。

○ 健康：设计专治"挑食"的创意便当

挑食是很多孩子都有的坏习惯，即使上了小学甚至中学依然存在。这个小挑战是让孩子设计自己的创意便当，并且需要遵循一个原则——选用健康的食材，如蔬菜、水果、面包等，让孩子自己"治愈"自己的挑食。

○ 设计：用食物设计一款吉祥物

如果只用美食作材料，设计出来的吉祥物会是什么样子的呢？少年商学院全国各地的少年们设计了非常多的作品，几乎可以帮助实体产品创建文创品牌了！

○ 创业：制订你的开店计划

未来餐厅长什么样？确定自己的主打产品，设计美食店，为产品及套餐定价，突出自己的特色服务并制定营销策略，完成商业计划书……这个模拟创业的过程，以及他们"路演"的热情，完全打动了他们的父母。

"一枚硬币的魔力"与"美食跑车大作战"是主要面向小学生的跨学科设计思维工作坊。如果是中学生，那么会加大解决真实世界问题的比重，主要考查他们的创业创新精神、同理心、公益意识等。

前些年，美国中学 High Tech High（HTH）的走红，源于一部名为《极有可能的成功》（*Most Likely to Succeed*）的纪录片，该片获得了美国多个独立电影节的奖项。在我看来，HTH 用跨学科、项目制的方式，充分调动学生的学习自驱力与创新自信力，是其成功的关键。

可迁移能力与华为人才观

从小养成跨学科思考习惯的孩子，视野更开阔，情商更高。现在名校升学面试、名企工作面试中非常多的考题，其实考察的就是被面试者跨学科、逻辑思维与快速解决问题的能力。

譬如：你能告诉我，你所在的城市有多少个加油站吗？

再如：我们面试所在的这个房间，能装下多少个乒乓球？

这些问题可能让人觉得稀奇古怪，但其实是"一本正经"的，因为答案本身的准确度并不重要，重点是通过这些问题看出一个人的知识面有多广，思维方式如何，如何建立假设、收集信息，如何用论据支持他所建立的论点并得出结论，如何在非常短的时间内用最简单有效和精练的语言将以上内容表达出来。

具有跨学科思维的孩子，未来也将拥有极强的"可迁移能力"，在任何环境中都会大放异彩。

所谓"可迁移能力"，就是不管一个人在学校学什么专业或者本职工作是什么，在应对其他领域的事务以及面对挑战时，都能够快速应变，找到解决方法。从某种意义上说，跨学科思维是一种"元能力"。

普利策奖得主、作家乔治·安德斯（George Anders）经过 3 年跨行业、多维度的调研，撰写了《能力迁移》一书。他说，相比之下，拥有 5 种能力的人未来能获得更多、更好的机会，也能走得更长远。这 5 种能力分别是探索、洞察、制定规则、说服和连接的能力。

"这也是跨行业能力迁移的核心技能，"他说。他把这 5 种能力的总和叫作"可迁移能力"，并且形容可迁移能力是"今天这个时代最需要被重新定义的批判性思维"。

2019 年 7 月，华为内部流出一则 "天才少年招聘方案"，对其聘用的 8 位 2019 届应届毕业生实行年薪制。他们年薪最低为 89.6 万元，最高为 201 万元。消息中还提到，华为这一年还将从全世界招揽 20~30 位天才少年，以调整人才队伍的作战能力结构。

据说华为内部对此事争议颇大，但这一决策最后仍以总裁办的名义正式发布。其实，这与任正非的人才观息息相关。我研究了任正非的教育理念，认为其人才观可以用以下 3 句话归纳。

» 能力第一。他建议中国学生多参加国际大赛，因为无论赛制、规则还是教练制订的计划，"对提升能力都是有好处的"。
» 先考再面。他说不管谁进入华为，都要首先通过华为大学的考试，通过考试才能获得面试机会。而考试的大量题目，都是关于思维与能力的测评。

» 激活个体。相对于"鲇鱼效应",任正非提出了一个"泥鳅战略",希望天才少年们钻进组织,激活队伍,每个人都能充满活力,最后整个队伍都"换枪换炮"。

华为寻找的,其实就是具有"可迁移能力"的人。只有从小拓展自己知识的广度,加深思维的深度,保持上进、谦卑、开放、创新态度的人,其才能在未来才不会被埋没,才不会平庸一生。

读到这里,如果你依然觉得培养孩子的跨学科思维是件难事,那么我给的最小可行性建议是先从跨学科阅读开始,譬如,你可以让孩子试着读读《三体》。

培养孩子的创新创业精神

和 10 岁的吕同学通完电话，我挺感慨的。当年我在《南方周末》做记者，采访和调研过的企业家有近百位，但大都是在他们成名途中或成名之后，我们解构其财富路径、商业模式、企业管理或多面人生，等等。而我采访的这位无锡的吕同学，我相信他一定是未来的企业家，因为现在的他，已经是一位"小小 CEO"了。

10 岁的小小 CEO

2015 年的一天，吕同学的爸爸发给我一条微信，上面写着："小吕让我转告少年商学院的老师们，他兑现了自己当初的承诺。"信息后面还附上了一个链接。

点开链接，我看到小吕所在的无锡一所双语学校官方网站上的一则消息。其内容是，小吕成功开办了一个"未来诺贝尔奖得主班"，10 岁的他真的做起了"CEO"。

早在 2014 年，小吕的父母给他报名了"小小 CEO"线上训练营。那时，在线少儿英语培训课程才刚开始不久，而我们已经在做线上的商业领导力与设计思维直播课了。

"小小 CEO"采用项目制学习的方式，为期 1 个月，每周一次线上的视频直播课和一次线下的自主动手实践，目的在于培养孩子的商业领导力与设计思维。学生每周通过应用程序提交作品，获得导师的专业点评，1 个月后，学生会获得结业证书、评估报告（快递到家），优秀学员还将获得实体勋章。

"小小 CEO"的课题是，在 1 个月的时间里，学生通过系统学习、户外采访调研等方式，研究自己所在小区里居民们有什么需求没有得到满足、存在怎样的商业机会值得挖掘，然后提交一份商业计划书。这可不是"过家家"，而是来真的：公司名称是什么，公司的使命、愿景与价值观是什么，产品是什么，产品定价、目标人群、营销策略、商业模式等，都要列出来。我记得第一期报名的学生有数十位，他们来自各地，甚至还有七八位来自海外。

当时小吕同学的方案是开一个"未来诺贝尔奖得主班"。未曾想到，

2015年春节期间，他真的实施了这一计划，而且做得还挺成功——第二期已经开始招生报名了。我们半开玩笑半认真地说，这可能是中国年龄最小的开展素质教育的"公司CEO"了。

善于利用"比较优势"的少年

"我们家位于中高档小区，小区里的叔叔阿姨们都挺重视培养孩子的综合能力，"小吕同学对我说，"所以我就想在这个方向'创业'"。

在"小小CEO"课程里，他学到了要善于利用自己的"比较优势"。"我的比较优势就是自己酷爱科学，得过国际奥林匹克机器人大赛（World Robot Olympiad，WRO）中国赛区银牌，我的爸爸是科技企业的老总。"他说。

说干就干。他打定主意要开培训班后，开始印制宣传单（见图4-2）。小小年纪的他，还挺会挖掘"痛点"和提炼自己身上的闪光点——在宣传单上，他把在哈佛大学读书的哥哥和在麻省大学医学院读书的"姐姐"（哥哥的女朋友）"搬"出来为自己背书，"哥哥对我的影响蛮大的，他在家时经常教我做标本等，进行各种科学探索。"

图 4-2 "未来诺贝尔奖得主班"宣传单页[1]

同样，宣传单上也明确标注着，这个马上要开讲的 "未来诺贝尔奖得主班"宣讲会，主讲人正是 10 岁的小吕同学。

嗯，如果说小吕现在正式成为一个"小小 CEO"，那么他开的

可能是世界上"最小的公司"——一人公司。老板是他，策划是他，销售是他，讲师是他，跑腿的还是他。

小公司要提高效率。所以，他在发宣传单之初，专门跑到物业查询了家里有孩子的住户，然后制作了一个"分布图"，再登门造访。

我让小吕同学把我当成一个他所在小区的住户，向我推介他的培训班。他在电话中落落大方且很有礼貌地介绍起来，逻辑非常清晰，先问家里小朋友的年龄，因为他并不知道这些住户的孩子是不是他的目标客户（6~8岁）。如果不是，他会说明来意，表示感谢；如果是，他就开始进行宣传推广。

"有人拒绝你吗？譬如把你当成'来路不明'的小骗子？"我问他。

刚对小吕同学说完这句话，我就后悔了。因为这是成年人的思维。果不其然，小吕回答道："有被拒绝过啊，说没空。我没有追问是不是真的没空，我相信世界上大多数是真诚的人。"

我仿佛能看到电话那头他清澈的眼神。他随即给我讲起，在他推销的17户中，无意中发现有一家的孩子是他的校友，于是对方很爽快地成了他的"客户"。这无疑给了小吕莫大的鼓舞。

第一期"未来诺贝尔奖得主班"随即开班了。小吕精心打扫、布置培训场地——自己家的客厅。另外，他还准备了各种点心、漫画书，以及他担任讲师第一次要讲的课件、要玩的游戏等。

他说第一印象很重要。为了促销，培训班的第一次课程免费，视为"体验课"。如果上完体验课后觉得不错，"学员"再交接下来正式课程的费用（6 次共计 180 元）。

功夫不负有心人。来参加体验课的 6 名学员，有 5 名转化为正式学员，"转化率"高达 83.3%。

面向未来的学习方式

两个月后，回忆起寒假成功开设第一期培训班的过程，小吕同学依然非常兴奋。我问他为什么会去做这样一件事，他回答道："首先，这是兑现对少年商学院老师的承诺；其次，我觉得这是一件很开心的事，来参加培训班的小朋友们也都蛮天真、幽默的，很有创造力……最后，我还能有一笔收入。"

没错，大人常在乎投入产出，小孩只关心开心与否。小吕同学的妈妈告诉我，小吕是一个好奇心重、能动性和个人管理能力都非常强的孩子。有一次，全家到日本旅行，白天被富士山的风景折服，晚上回到酒店，小吕专门上网查阅了富士山的各种资料。

他善于通过互联网学习，并把身边的事物用于认识世界、完成社会实践，这种做法与少年商学院"让世界成为孩子的课堂"的理念不无二致，这也是他成为少年商学院优秀学员的根本原因。

在电话里和小吕聊得很高兴，我问他，如果你现在突然有了 100 万美元，你会怎么处置这些钱？小吕回答道："我会存起来 30 万美元，然后捐给公益事业 60 万美元，剩下的 10 万美元，我会捐给哈佛大学。因为我的梦想是考入哈佛大学，而哈佛大学的经费好多都是校友捐赠的。"

听到小吕同学的这番话，我竟然一时说不出话来。一颗种子，在一位纯真、率直、大气的 10 岁孩子心中生根发芽，相信未来一定会长成一棵参天大树。

将近 1 小时的采访快结束的时候，我问小吕："你那么喜欢阅读，最喜欢的一本书是什么？""《哈佛凌晨五点半》。"他不假思索地回答道。我没看过这本书，但我记得篮球明星科比说过一句流传甚广的话："你见过洛杉矶凌晨四点的样子吗？"

挂了电话，我随即和同事们分享起小吕刚才率真的表现。10 分钟后，小吕妈妈打来电话，急匆匆地说："小吕刚才上床睡觉了，但一直睡不着，说自己太马虎了，他让我转告你，刚才他说的那本书书名应该是《哈佛凌晨四点半》。"多可爱的孩子啊。

父母可以随时随地激发孩子

其实，每个孩子都可以成为另一个"小吕"——富有创新创业精神、知识面广、自立能力强、喜欢动手、喜欢挑战自己，只不过作为父母的我们可能并没有认真发现孩子的能量，或者找到让其充分发挥潜能的舞台，仅此而已。

正如"小小 CEO"把孩子们实践的社会场景设置为小区，少年商学院一贯都是将小区、家庭、学校、书店、电影院等孩子们日常生活中的场景，变身为提升孩子创新创业能力和提升领导力的场景。

无论孩子身处一线城市还是四线城市、国内还是国外，这些场景都有。移动互联网使这样的创新项目不再是某一个城市或某一类家庭的专利。为了让更多的孩子以更便捷的方式和更低的成本获得经济学知识和商业启蒙，我们后来又录制了"斯坦福极简经济学少年版"等通识轻课。

今天，每个孩子都被鼓励在学校学习之余，积极提升创新创业能力。一方面，国家以前所未有的力度在倡导发展素质教育；另一方面，《中国学生发展核心素养》对六大素养中的"社会参与"作了这样的描述。

社会性是人的本质属性。社会参与，重在强调能处理好自我与社会的关系，养成现代公民所必须遵守和履行的道德准则和行为规范，增强社会责任感，提升创新精神和实践能力，促进个人价值实现，推动社会发展进步，发展成为有理想信念、敢于担当的人。

孩子的创新创业精神，其实可以随时随地被激发。"'地摊经济'是人间的烟火，是中国的生机。"2020 年，"地摊经济"成了大家口口相传的热词。

在寒暑假或周末，一些父母带领孩子，从"跳蚤市场"开始培养孩子的商业思维，用平时头脑风暴、上网查资料等得出的创意，尝试将自己已经用不着但依然还能帮助到别人的一些物品"摆地摊"。这种锻炼看起来非常简单，对于孩子能力的提升却不容小觑。

在实践过程中，你会发现，孩子不只是在赚钱，还在不断地面临挑战、解决问题。你会发现：孩子的创意、同理心、表达等方面的潜能可能比我们认为的要大得多。

经常听到一些家长说，孩子每天面对老师布置的作业会有一种压力。实际上，如果布置的是激发孩子创新创业热情的"作业"，而且学校能够给予一些步骤指引，很少有孩子完不成这种发明创造作业。事实上，他们都做得津津有味。

在美国，很多青少年都有过参与"地摊经济"的经历——卖柠檬水。

奥斯丁市曾经有一名 12 岁的小女孩，她不仅把柠檬水发展为一个价值千万的创新品牌，更借助这项事业成为保育动物、挽救生态的公益大使，一度成为全美热议的创业小明星，还受邀参加美国女性峰会的演讲。

她从摆地摊卖柠檬水开始，就有一个伟大的目标和动机：保护蜜蜂。所以，她一直都充满动力和斗志，专注地做着一件令自己开心又有成就感的事情。

在这个过程中，她学到了很多，譬如如何选产品（选型），如何改良配方（产品运营），如何推销推广（营销），参加创业秀（融资），拿出利润保育蜜蜂，资助饥荒儿童（承担企业社会责任）……

学校样本：北京史家小学

北京有所著名的公立小学，成立于 1939 年。除了一流的硬件条件，这所学校的最大特色是学科学习与综合实践相结合。课程形式既有 80 分钟的大课，也有 30 分钟的小课，教师根据年级组统一备课来决定，基于某个学科，同时设置跨学科的融合点。

这所学校是如何启蒙孩子的经济学思维和创业精神的呢？首先，设立目标。每年六一儿童节前，学校都要举办一场"Maker 创意商业大赛"。简单来说,就是不管几年级的同学,只要爱好发明创造或者有好主意,都可以找到同伴,模拟创业,思考如何将自己的创意或产品进行商业化。

这所学校就是北京史家小学。为了让同学们更好地呈现自己的商业计划书,北京史家小学邀请少年商学院为学生们开设了一门创新创业启蒙课程"BizWorld 商业世界"。这是相较"小小CEO"更加系统的商业大赛课程。

这门课程分为两个层面,第一个层面是线上课程。一个学期 10堂直播课,每堂课之后有一个创意实践小挑战。因为是线上课程,所以可以容纳更多的学生一同上课。

第二个层面是线下课程。10 周之后,学校对学生们的创意实践作品进行综合评估,选出相对而言最优的 6~10 个小组,少年商学院的导师进驻学校,对这些学生进行线下特训。这样,他们在最后的创意商业大赛上就会信心满满。

10 周直播课期间,每次的课外挑战都是同学们最期待、最欢呼雀跃的时刻。他们从第一周就分组,每个小组都经讨论或自荐产生了首席执行官(CEO)、首席财务官(CFO)、首席营销官(CMO)等。孩子们分工明确,协作若有不顺畅,则由学校的助教老师来协调,然后继续推进,学生接着做调研、进行头脑风暴、写方案、制作产品模型……

在这个过程中，校方给我留下深刻印象的一件事情是：当北京史家小学与少年商学院达成合作意向时，参加课程的同学随即与学校也签订了一份"承诺书"。

"承诺书"的核心内容是，学校付费让大家参加少年商学院的在线经济学课程，学校就是"投资方"，学生需要签字向投资方承诺，必须坚持每次都参加视频课程，积极地完成线下动手实践、上传作品，如果违反承诺，则要接受"惩罚"。

至于惩罚措施是什么，校方表示："请你在下方写上你希望接受的惩罚措施。"而校方特别申明一点：投资方不接受金钱方面的弥补方式。

看一下这位在承诺书上签名的同学，是如何制定可能的惩罚措施的。

» 把课程所讲内容整理成 PPT，在班里讲给同学们听，把商业知识传播出去。
» 以周刊的形式制作《BizWorld 商业世界》小报，每期主题不同，并设立有奖问答。
» 以所学商业知识为内容，自制小人书，配以有趣的插图，送给同学传阅。

以上，就是我弥补投资方损失的方式。

从以上内容中，我们就能看出这所学校的特别之处：一方面给学生制定规则，甚至加强约束；另一方面又给学生自由的权利，至少是选择接受何种"惩罚措施"的自由。

小贴士   **激发孩子创业创新思维的 10 堂课**

以下为"BizWolrd 商业世界"的目录，供有兴趣或对孩子未来有期待的父母及老师借鉴。

课程内容
如何组建有战斗力的团队
如何建立品牌形象
如何设计一款受欢迎的产品
如何为你的产品进行包装
如何获得更多的创意点子
如何为你的产品定价
如何让更多的人知道你的产品
如何红红火火地将产品卖出去
如何让消费者成为你的忠实用户
如何发布你的新产品

"天才一小时"与留白教育

我们讲了用项目制学习的方法培养孩子的跨学科思维与可迁移能力,以及在创新创业精神的驱使下让孩子行动起来。有父母或教育工作者可能会问,有没有更进一步用来激发孩子的方法呢?

我们在少年商学院的家庭与学员群体中倡导的是"天才一小时"行动计划。

天才一小时,让热情变成行动

"天才一小时"的概念源于谷歌员工培训系统里著名的"天才一小时"(Genius Hour)计划。谷歌为了刺激员工提出自己天才般的主意、推动公司创新，允许员工们每周拿出 20% 的时间策划、实施正常工作以外自己感兴趣的项目。据说，谷歌 50% 的项目就萌芽于这个创意时期。

这个计划的成功也重申了一个道理：当条件允许人们"不务正业"时，他们的工作动力可能会增强。同理，孩子们一旦被允许挖掘自己的激情、发展自己感兴趣的技能，他们的行动力和创造力就会得到全面提升。

后来，从硅谷开始，美国的一些中小学开始借鉴"天才一小时"的做法。

在传统的学习过程中，老师制定标准，以此规划课程。而在这些学校里，除了常规课程，学校会留出一些时间，让孩子们从自己的兴趣和热情出发，策划选题、查找资料、研究信息、得出结论，最终把研究成果展现给大家。

如果说，传统的学习是让学生在车里的后排就座，由老师带着他们前进，"天才一小时"就是给了学生一把钥匙，让他们自己开车，去任何他们想去的地方，而老师只会坐在副驾驶的位置上陪伴他们到达目的地。

这样做，不仅让孩子充分地发挥了主动性、创造性，更让他们学会了从自己的兴趣点出发，把想法变成现实。这种体验，将让孩子们获得随时随地动手实践以实现自己目标的行动力。

"天才一小时"的本质，就是一种更加开放的项目制学习。

所谓更加开放，就是更强调自动自发、兴趣至上，其目的不是完成一个项目，而是通过一个项目，提升自己、提升技能。

比如幼儿园的孩子会学做饭、搭建模型、用特殊材料做一件艺术作品、用 iPad 拍个小视频等；再如小学生会创作一部包含 10 章内容的长篇小说、设计一些游戏等。

总结来说，"天才一小时"有以下 5 个鲜明的特征或原则。

» 目标至上：学生必须从自己的兴趣点出发，所有工作都是为了让自己在这项兴趣上有更大的提升，而不是学到所谓"有用"的学科知识。

» 自主创建：正如前文所述，老师只是坐在副驾驶位。从题目到执行，从成品到展示，学生必须自主完成。

» 提问调整：在学习过程中，学生们要不断地总结经验，更新想法，朝着更高效的方向调整方案。

» 作品创作：无论学生最后选择的是什么项目主题，他们都必须动手制作出看得见、摸得着的作品。

» 注重协作：一些学校会要求高年级学生与低年级学生配合，一方面是帮助低年级学生习惯整套游戏规则；另一方面是培养学生跳出思维框架的能力，从而产生更多新鲜的想法。"天才一小时"也鼓励学生与家长、亲友合作，或者去采访该领域的专家，得到更专业的指导。

"天才一小时"的具体玩法

概括起来，"天才一小时"的整个过程其实很简单：学生们首先选择一个自己非常感兴趣的话题进行初步研究，其次为这个主题制定一个方案，然后进行细致的研究，制作成品，最后用 TED 式的演讲向大家展示自己的研究成果。

○ 第一步：科普、定题

家长在这个过程中扮演的是配角，起辅助作用。毕竟孩子们的兴趣千差万别，他们可能想创作一个游戏，但我们可能不是这方面的专家，我们需要做的是，向孩子们强调"天才一小时"的要点：发现自己的兴趣所在；深入研究一个话题；做出一些东西；向其他人介绍这些东西。

首先，家长要会用一些话题，帮助孩子建立起"人人都可以成为天才"的自信。

> » 每个人都是天才，你是什么类型的天才？
> » 你是谁？你有什么特点？
> » 哪些特质和兴趣，能让你成为一个天才？
> » 作为一名研究人员，你如何找到最适合自己的方向，努力成为一个天才？

其次，家长要帮助孩子们选定自己感兴趣的项目主题。很多孩子可能一下子不知道该做什么，这时，老师会和他们分享一些同龄人做的主题，帮助孩子找到灵感。

> » 我能让教室里的座位安排得更合理吗？
> » 同学们最喜欢的操场设备是什么？
> » 每个人平均能记住多少个手机号码？
> » 所有孩子的最佳睡眠时间都一样吗？大人们呢？
> » 谁发明了比萨？
> ......

○ 第二步：提问、筹划

确定了项目主题之后，就要开始做计划表了。以下是一份常见的模板，上面列明了孩子在做计划时需要弄懂的几个问题。

» 你的天才项目是什么？

» 要完成这个项目，你觉得最重要的 3 个相关问题是什么？

» 为什么这些问题是最重要的呢？

» 你希望通过这个项目学到什么？

» 你计划如何与其他人合作？

» 你需要什么材料？

» 你需要他人提供哪些帮助？

○ 第三步：执行、调查

有一位五年级的学生想解决的问题是"如何杜绝校园霸凌事件"，他想到一个办法：在学校周围张贴好看的海报，传播一种和谐的校园文化。在调查中，他发现，直接写"欺负同学是可耻的"等负面批评宣传语的效果，不如"我们都希望能和同学们一起愉快地学习，那么我们就要爱护同学"等正面暗示性的宣传语。

在这个过程中，老师要发挥"闹钟"的作用，定期关心学生们的行动进度，了解他们的计划有没有遇到困难，告诉他们如果失败了，他们应如何总结经验，并引导学生把这些思考记录下来。

○ 第四步：收集反馈

实验证明，向同龄人展示自己所做的事情，能有效调动孩子的积极性和责任感。相比大人居高临下的指导，这更能让孩子们接受，进而调整自己的方案。

○ 第五步：公开分享

一般在项目完成后，老师还会组织项目汇报演示会，邀请学生的父母或朋友参加。

最后，老师们会对项目完成情况打分评价。评价既针对项目成果展示，又包括学生在整个"天才一小时"活动过程中的表现。

学生们还要自评，从"拥抱不确定性""咨询质疑""产生新想法""创新创意"等维度，给自己打分并完成总结表。

如果孩子在学校缺乏这种氛围，那么家长也可以与玩得好的几个朋友家庭一起，每个月开展一次这样的活动。多子女家庭的家长，也可以在家里发起"天才一小时"的倡议。

总之，"天才一小时"的核心在于这是一个过程，目的是让孩子发挥主动性、创造性，从自己的兴趣点出发，去深入学习、思考、研究、探索、创造。在这个过程中，孩子们的收获是多方面的，最重要的是这一活动不仅能增强孩子们的学习自驱力和创新自信力，也会帮助他们更早地发现自己的兴趣与特长。

下面这两张图中的课程计划来自 2017 年暑假少年商学院线上夏校众多项目中的两个，当时的名称为"天才一小时之青少年科学思维营"（见图 4-3）和"天才一小时之青少年创客思维营"（见图 4-4）。每个项目都有一组实践挑战，如果孩子跟随老师学习了主题课程中的理念与方法，那么一小时即可完成每个挑战。挑战是开放性的，能为孩子们提供更大的发挥空间。

"天才一小时"挑战	课程内容
写一篇百科小文章	发散提问法（Ask Questions）
	学会从多角度细致观察事物
	科学家们靠什么推测古代的气候？
运用模型分析一本书	类比定义法（Define Problem）
	在繁杂的信息中确定核心问题
	未来人工智能会超越人类智慧吗？
做一份观察分析报告	假设法（Hypothesis）
	从大胆假设到科学怀疑
	爱因斯坦 100 年前的引力波预言是如何被证实的？
设计一个实验验证猜想	实验与创造（Experiment）
	在反复求证中接近事物真相
	如何用实验验证植物也有音乐细胞？

图 4-3 "天才一小时之青少年科学思维营"课程计划

"天才一小时"挑战	视频课程内容
针对城市问题提出解决方案	灵感发明法
	充分激发好奇心和创客基因
	如何用乐高发明盲文打印机?
设计一个智能交通工具	移植组合发明法
	学会横向联系,探究实物之间的关联
	可丽饼可以变身游轮救生设备吗?
重新设计一款家用电器	简化思维发明法
	摆脱束缚与干扰,直击问题核心
	未来手机会变得比纸还薄吗?
做一个异想天开的小发明	目标发明法
	不可能变可能,让发明创造成为生活习惯
	如何运用数学原理制作环保的太阳能电池

图 4-4 "天才一小时之青少年创客思维营"课程计划

"留白"也是孩子成长的关键

通俗地讲,"天才一小时"也是给人更多的留白与自由空间。今天的社会节奏非常快,"我很忙""孩子很忙"几乎成为我们的口头禅。但越是这样,越要给自己留白。

大人和孩子都需要留白。最简单的留白,就是字面意思——留出一些空白时间，允许人们想干什么就干什么，爱玩什么就玩什么，别设限，别阻拦也别干涉。

我曾邀请一位朋友来给少年商学院的家长朋友们做分享，她是英国驻华使馆文化教育处的官员，后来去了英国。她谈到了自己女儿的成长经历，并在分享中说了这么一段话。

> 我的女儿有一个兴趣爱好——打羽毛球。她现在加入了威尔士青少年国家队，国家队听起来很大，其实也是玩。我们并不指望她成为专业的羽毛球运动员，只是玩，与当地的小孩相处，完全用一种不是自己母语的语言与别人交流。我们的父母常常说，学习都还没弄好，你去干别的、去玩，但是我的一个心得是，玩很重要，小有小的玩，大有大的玩。
>
> 我想和家长朋友们分享的是，多留一点时间给我们的孩子，多留一点。有的时候她发发呆、简单地和其他小朋友打成一片，这些经历也是成长过程中重要的组成部分。我们也可以创造时间——创造和孩子安静地进一步相处的时间，这也是留白时间——亲子留白时间。

我的另一位好朋友，现在是新加坡华侨中学海外群组学校广州新侨学校的执行长，当年参与创办华南著名的国际学校华附国际部且是负责人之一，他在国际教育界浸淫多年，也曾深入探访非常多的欧美名校。我问他最大的感触是什么，他的回答是：留白也是孩子成才的关键。

> 如果真要做些有意义的改良，学校在完成基础的专业学科的教学之后，同时应该给学生的个性化发展留白，就是留给学生相对空余的时间进行自我思考、自我追寻，同时在相对应的学科专业领域中，配备辅助资源以帮助和支持学生，在其感兴趣的领域，能够更深入地提供研究学习的支持。

> 现在很多家长的教育焦虑，其实来自我们对孩子成功或优秀的判断标准过于单一。在这种单一的评估体系之下，大家都会朝着这种期待发展，但是孩子自己想成为什么样的人，这样的思考和探索是缺失的。实际上，很多人毕业、工作甚至结婚生子，多年之后才发现这样的生活并不是自己想要的，这种情况在我们亚洲文化中比较常见。

好的教育应该给孩子留白，留白也是一种能力。今天和过去早已不同，今天通向成功可能有很多条路径。如果家长可以更加多元地评估自己的孩子，就不会人云亦云，也不会有那么多的教育焦虑。而且，越是孩子学业压力大的时候，家长越应该考虑为孩子留白。留白既包括了时间留白，也包括了"试错留白"，即允许孩子犯错。

这些年国外流行的"间隔年"（Gap Year），也是一种留白，一种"大留白"。

"间隔年"通常是指青少年在求学期间休学一年去旅行、实践、工作、探索自我、与世界联结。近年来，愈来愈多的世界知名大学都明确鼓励间隔年计划。现在国内一些家长也变得开放接纳，允许孩子推迟一年上大学等。而且"间隔年"在小圈子里越来越流行。

通过了解，我认为"间隔年"至少有以下5大好处。第一，让孩子通过自己的经历与实践明白自己喜欢什么，以及生活中什么最重要；第二，在青少年时期来一次未知的、终生难忘的"冒险"；第三，大大增强孩子的适应性与探索力；第四，交到学校里交不到的新朋友；第五，拥有一段让自己受益终身的经历。

关于"天才一小时"与留白的话题，我最后抛出两个问题给正在读这本书的你：你可以接受自己的孩子不上大学吗？如果你的孩子不上大学，但也能获得自己想要的人生，那么，今天的他需要做些什么，你又需要做些什么？

拓展阅读

创新的 10 个面孔

汤姆·凯利（Tom Kelley）是美国著名设计咨询公司 IDEO 的联合创始人，他写过一本书叫《创新的 10 个面孔》，他把硅谷企业里勇于创新的人形象地归纳成 3 组共 10 个角色，这份清单也值得注重培养孩子创新创业精神的教育工作者与父母们参照。

第一组面孔皆为学习型角色。他们谦虚谨慎，敢于质疑自我，对一切未知知识始终保持开放的心态。在不断变化的未来，他们能更快地适应，更新迭代。

人类学家

人类学家（Anthropologist）跟踪观察人的行为方式，胆大心细，极具耐心，对生活中的细节观察入微，能专心地探究一件事情的本质。

实验家

实验家（Experimenter）所做的就是在生活、学习中面对新的挑战能不断试错，然后从错误中不断学习改进，不会让挫败给自己带来负面情绪，反而会愈战愈勇。

嫁接能手

嫁接能手（Cross- Pollinator）能够不断汲取外部知识，进而把这些知识融会贯通，为自己所用。这类人思维活跃，对外部知识特别感兴趣。

第二组面孔皆为组织型角色。他们是一群精明能干的人，他们对新想法在实践过程中可能遭受的挫折一清二楚。在遇到机会或挑战时，他们会主动去组织协调，争取资源、时间、空间，他们会更倾向于承担职责、解决问题。

跨栏运动员

跨栏运动员（Hurdler）是一个比喻，指的是人群中经验最丰富、最老到的一个，懂得跳出常规、不拘一格，遇到困难会想方设法克服，主动出击，而不是等事情被动解决；遇到突发事情的时候也能泰然处之，而不是手足无措。

协调员

协调员（Collaborator)拥有强大的团队凝聚力，情商高，善于通过沟通使团队成员协作得更加富有成效。

导演

导演（Director)的协调能力极强，能够合理安排每一位成员的位置，同时也要负责调动每一位成员的积极性和创造力。一名优秀的导演能让一本平平无奇的剧本变得有声有色。

第三组面孔皆为建设型角色。他们从组织型角色那里得到充分的授权，从学习型角色那里吸纳有价值的观点和发现，然后投入创新实践。一旦这些人进入角色，他们所做的必定在以后的人生轨迹中留下烙印。

用户体验设计师

用户体验设计师（Experience Architect)往往能够把事情做到出人意料的结果，能够举一反三，触类旁通，他们能够对周围的事物提出一针见血的意见，同时给出超出预期的结果。

布景师

布景师 (Set Designer) 负责创造其他团队成员能够充分施展能力的环境，懂得通过改变物理环境来让整个团队的协作变得更加顺畅合理。

照料者

照料者 (Caregiver) 知道如何关怀别人，能够敏锐地洞察他人的需求，并及时给予相应的帮助。在团队中，拥有这类能力的人能够让整个团队的合作气氛变得活泼起来，而不是冷冰冰地干活，他们会给人一种强烈的归属感。

故事家

故事家 (Storyteller) 有极强的说服能力，能让整个团队对内建立情感联系，对外鼓舞士气，同时在推动项目进程的过程中，能够通过与团队成员高效沟通，统一内部战线，最大限度地排除障碍。

分析与创造力

创造力有两个阶段：直觉想象与推理分析。创造不仅要寻找灵感，更要去感受、体验。一个人在经历痛苦、快乐及所有其他感受后，才可能用不同视角看问题，并随之产生新的想法。

——宫崎骏

日本著名电影导演

用设计思维提升孩子的创造力

如何系统地培养孩子的创造力？这个话题听起来非常宏大，但是的确有系统的理念与方法，那就是全球的名企和名校都非常青睐的设计思维（Design Thinking）。

设计思维原本是硅谷企业迭代新产品的一套方法论。发明这套方法的人叫戴维·凯利（David Kelley），他是著名的设计师、教育家和企业家，美国知名咨询公司 IDEO 的创办人，也是乔布斯的朋友、苹果公司第一款鼠标的设计师，还是斯坦福大学设计学院（d.school）的创办人。

正是在凯利教授执掌斯坦福大学设计学院期间，尤其是登上 TED

演讲舞台之后,"设计思维"开始在教育界流行起来,从大学到中学,甚至小学,至今方兴未艾。

2014 年 3 月,少年商学院获得凯利教授的书面授权,成为第一家采用斯坦福大学设计思维方法的创新教育机构,旨在向中国青少年系统普及设计思维理念与方法。

后来,我们根据中国青少年的特点对设计思维流程进行了本土化改造,同时线上与线下相结合开展了一系列设计思维工作坊。7 年内,参加设计思维工作坊的华人学员超过 2 万名,遍布全国甚至全球各地。

在 2017 年柏林举行的全球设计思维峰会上,我们就自己的做法及心得做了分享,反响不小。峰会期间,被翻译成多种语言的全球设计思维专著 *Design Thinking Live* 首发,其中有长达 14 页的内容详细介绍了少年商学院的创新实践案例——我们如何采取混合式、游戏化和社会化的方法,激发中国孩子的创造力自信。

"妈妈,明天我们还能再来吗"

通俗地说,设计思维就是跳出条条框框、真正以人的需求为中心、刨根问底式的一种"源创新"思维,是一套系统的创造力培养方法。

斯坦福大学设计学院是斯坦福大学全校学生非常喜欢的一个地方。它更像一个研究中心，一个名副其实的创新工场。它还有专门的基础教育研究中心。

斯坦福大学设计学院创办人戴维·凯利教授讲过的一个案例让我至今印象深刻，我也常在一些场合分享这一故事。

故事的主角之一名叫道格·迪茨（Doug Dietz），之前专攻技术，他投入十几年的时间设计出核磁共振仪，这在当时的设计界可谓一个奇迹。然而有一次，道格到医院观察核磁共振仪的使用情况，看到一个小女孩哭得撕心裂肺——她为自己即将被塞入这冷冰冰的机器而惊恐万分。

更令道格感到惊异的是，医院里有将近 80% 的儿科患者在做这项检查时都需要服用镇静剂。

在此之前，道格一直为自己的发明创造感到骄傲，因为他觉得核磁共振仪可以协助医生为患者做出准确诊断，挽救患者的生命。但现在，这台机器显然会给孩子们带来巨大的恐惧感，这让他极为懊恼。

他随即到斯坦福大学设计学院和 IDEO 公司学习设计思维，然后重新设计了扫描检查的全部体验设施。改良后的核磁共振仪变身为"海盗船"——他在墙上、机器身上都创作了涂鸦，并请懂得与孩子交流的人（比如儿童博物馆的工作人员与心理学家）对医务人员进行培训。医务人员需要向孩子解释噪声如何产生、机器如何运行，检查开始前，他们要告诉孩子："好了，你现在要潜入这艘海盗船，别乱动，不然海盗会发现你的。"

结果是戏剧化的，服用镇静剂的孩子从 80% 骤降到 10%，医院也对此也感到很满意，因为其每天可服务的患者人数大幅增加。后来，道格又找了一天到医院观摩。只见一位母亲在等待女儿，当小女孩做完了检查，她跑到妈妈前面问："妈妈，明天我们还能再来吗?"

提升孩子解决问题能力的秘诀

世界经济论坛曾发布"未来人才市场最看重的 10 项技能"，其中把"解决复杂问题的能力"（Complex Problem Solving）放在了第一位。

为什么一些名校的孩子解决问题的能力相对而言更强？原因之一就是他们从小在学习使用设计思维。

扎克伯格投资的美国创新型学校 Altschool 就开设了设计思维课

程，尽管后来关闭了所有校区，但设计思维课程一度是最受学生们欢迎的课程。有时，设计思维课程由专业人士教授，但这可不是教孩子们画画或捏橡皮泥式的"设计"，而是让孩子用创意和创新思维解决真实世界存在的问题。

譬如一位学生，他采访了自己的搭档——一位游泳运动爱好者，了解了真正的游泳运动爱好者对市场上现有的护目镜的抱怨和建议，于是决定为游泳运动爱好者设计一款新型护目镜。

"我先用一种特定的防水纸、胶带、橡皮筋贴出框架，再在上面挖了两个洞，一开始并不牢固，我就用强力胶加固，没想到真的奏效了！然后我再找些塑料进行优化……"

特训并不要求孩子做出完美的模型，相反，它希望孩子更关注创想的过程，勇于行动，而不是总想着做出一个完美的计划。除了采访、头脑风暴等，它还鼓励学生接触不同的工具、材料，把所有想法变成看得见、摸得着的模型。

美国圣安德鲁圣公会学校（St. Andrew's Episcopal School）也非常推崇设计思维课。

这个学校最为外人称赞的教学特点是注重培养孩子的领导力。在这所学校，领导力的"发动机"是一个被称为"D! Lab"的实验室，该实验室并不是单纯培养孩子头脑风暴的地方，其致力于真正培养孩子解决问题的能力。

在圣安德鲁圣公会学校的查克·詹姆斯（Chuck James）主任看来：

> Design is the magic. Creativity is the mindset. Imagination is the root. Humanity is the purpose. Innovation is the result.（设计是魔法，创造力是心态，想象力是根本，以人为本是目的，创新是结果。）

在中国，马云创办的云谷学校在 2017 年开始首次招生时，也将设计思维课程作为学校的重点课程之一。

知名社会创新机构，全球孩童创意行动（Design For Change，DFC）的内核也是设计思维。其发起人在 TED 演讲时说过一句话："把学习带到现实中，让孩子用自己的力量创造改变可以直接提升他们的幸福感和竞争力。"

设计思维的详细流程

说了这么多，设计思维到底是什么？

作为风靡全球高校和中小学、培养孩子创造力的科学方法与系统，设计思维分为以下 5 个步骤（见图 5-1），这一思维旨在引导孩子们真正以人的需求为中心，富有同理心，通过团队合作解决问题，获得创新。设计思维各个步骤的具体释义如下。

图 5-1　设计思维步骤图

» 同理心（Empathy）：收集对象的真实需求。

» 定义（Define）：分析收集到的各种需求，提炼要解决的问题。

» 头脑风暴（Ideate）：开动脑筋，创意点子越多越好。

» 原型制作（Prototype）：将大脑中的想法动手制作出原型。

» 测试（Test）：优化解决方案。

如果把设计思维类比为一本菜谱，那么相比跟着非常多的经验丰富的厨师做他们的拿手好菜，你只有跟着这本菜谱仔细做，做出来的才会是顾客真正觉得好吃的、为你点赞的"菜"。设计思维五步法也被称为"创造性解决问题攻略"。

○ 学会用"同理心"而非"同情心"思考问题

设计思维的第一步是建立"同理心"，这是一种设身处地地体会他人感受的思考方式，与"同情心"存在本质上的差异。比如有人掉进冰窖了，富有同情心的人会说"你好可怜"，但富有同理心的人会说："冰窖里那么冷，你一定不好受。"同理心与同情心的对比见图5-2。

图 5-2 同理心与同情心的对比

一个经典的同理心练习是：对着别人，用你左手的食指和右手的食指，摆一个"人"字。你发现了什么呢？——你必须摆一个"人"字。这样别人看来，才是一个"人"字。

通常，有两个方法可以帮助孩子快速进入"同理心"模式。

方法一：角色扮演。了解一个人最好的方法，就是"成为"那个人。"角色扮演"让人们得以亲身体验对方的处境，用感同身受代替主观臆测。这种思考比先入为主的"我以为"要更深刻。

举个例子。我们经常鼓励孩子参与公益活动，帮助社会上有需要的人，却极少引导孩子思考"我对别人的帮助，真的是别人需要的吗"。比如，灾区的人们更需要食物和被褥，有的人却一厢情愿地寄去旧衣服（有些衣服甚至都没有经过消毒处理），很多时候这类行为只是感动了自己。

如何给予特殊群体更好的帮助呢？在此，我举一个香港理工大学的案例。其经典的设计思维课是"为盲人做设计"。项目开始之前，学生们都要参与"一小时盲人体验"活动——蒙上眼睛，到户外探索一小时。其间，学生们互相搀扶着上下楼梯，偶尔会碰上树木，他们在几个空间里探索前行，聆听声音，触摸不同的材质，等等。

在整个过程中，不时有学生发出呼救声，但慢慢地，他们安静下来，把自己当成盲人去思考一些问题。

"与其设计一些东西来帮助或同情他们，不如设计一些东西让他们享受正常人的生活。"一位名叫 Kevin Chan 的同学说。他最后设计了"盲人用的跑步机"：模仿户外的情景，为盲人提供了一个安全的跑步地带。

"亲身体验"的经历激发了孩子们解决问题的自驱力。

方法二：采访。采访是记者的基本功。从小掌握采访的技巧，能让孩子更高效地收集自己想要的信息。采访成功与否的关键在于提问的技巧。如何提问呢？答案是重点掌握"5W1H"原则。

» Who？谁？

» What？做什么？

» When？什么时候？

» Where？在哪儿？

» Why？为什么？

　　» How did it look? How did you feel? 长什么样子？你有什么感受？

○ 学会发现真实问题，并且重新定义它

爱因斯坦曾说："如果只给我 1 小时的时间拯救地球，我会花 59 分钟找准核心问题，然后用 1 分钟解决。"

设计思维的第二步，就是"定义正确的问题"。它是指明确问题到底出在哪里，并用一句很精简的话告诉别人"你想如何解决什么问题"。有一个常用句式——

　　我们该（如何），为（谁），做点（什么），解决（什么问题）。

有这么一道考题：

　　假设在 2121 年，你和你的宇宙飞船机组成员正在执行一次百年宇宙飞行的使命。着陆时，你们遇到了这样的问题：你们降落到了错误的着陆点。在测量设备全毁的情况下，你将如何率领团队走出绝境？

套用"5W1H"原则，问题就从"我如何率领团队走出绝境"变为"我如何收集尽可能多的资料，尽快确定地理位置，联系救援"。

○ 学会提出更多更有创意的方法

上述"学会运用同理心＋重新定义问题"仍处于"发现问题"阶段，从"头脑风暴"开始，孩子进入"解决问题"阶段。

"头脑风暴"要求孩子尽可能多地写下脑海中一闪而过的创意，不拒绝任何疯狂的想法，但它可不是让孩子坐在那里苦思冥想。下面的一些常见的练习，能帮助我们打破惯有思维的局限。

方法一：黄金 60 秒。

看看图 5-3 左上角的色块，你会联想到什么？云朵？水杯图案？

图 5-3 "黄金 60 秒"头脑风暴示意图

水渍？……请思考 60 秒，然后写下你想到的所有可能。

在开展头脑风暴时，经常会设置一个很短的时间促使人们产生紧迫感。少年商学院也曾受新加坡国家设计中心创办人的邀请，带领少年学院的学员前往参加设计思维工作坊。其间，学生们就被要求根据采访的收获，在 30 分钟内想出 100 个方法，解决他们锁定的对象正在面临的问题。

头脑风暴后，各个创意小组又要快速筛选创意，并在小组讨论和筛选后，只留下一两个创意作为设计方案前聚焦的核心问题。

方法二：自由联想。

你也可以用思维导图中的"树状图"收集发散的想法。比如，设置中心词为"月圆"，你能想到什么呢？月饼？苏东坡？阿姆斯特朗？狼人杀？

方法三：强制类比。

与自由联想不同，强制类比选中的事物之间的关系往往看上去八竿子打不着，但越是天差地别，放到一起越是要找出相同点，结果越是有趣。思维导图中的双重气泡图就很适合用来完成这类梳理。例如把灯泡和球鞋放在一起，可以梳理出不少关键信息（见图 5-4）。

图 5-4　强制类比法示意图

强制类比能让我们产生很多灵感，比如锯子其实就借鉴了茅草边的锯齿，而雨伞借鉴了香菇的形状。

○　学会试错，把脑海里的想法"拿"出来试错优化

最后两个步骤是"原型制作"和"测试"，这两步经常结伴出现。

所谓"原型制作"，就是动手把想法变成现实。只要孩子喜欢，乐高、橡皮泥、游戏都可以是实现这个实体的工具。

○　学会产品测试，收获创造力，更能收获自信

培养孩子动手实践的习惯和能力，不仅能让孩子检验自己构想的方案是不是具有真实的可操作性，更能帮助孩子打破"完美主

义"。我们应该让孩子在实践中找到优化解决方案的新思路，而不是纸上谈兵。

它的目的是做"测试"，观察对方的问题是否真的得到了解决。这不可能一蹴而就，而是一个不断试错的过程，同时也是培养孩子的耐心和抗挫能力的过程。

"改变世界，你可以的"

当年获得授权后，我们回国做的第一个项目是线下工作坊——ATM 大作战。这本是斯坦福大学设计学院及 IDEO 公司为西班牙一家银行做的咨询项目；现在，我们招募全国各地的小学生和初中生来解决这个复杂的问题。

简单来说，ATM 大作战就是为当下 ATM 存在的问题（譬如糟糕的用户体验）和面临的挑战（譬如移动支付大潮袭来，尽管当时移动支付还未普及）出谋划策。

项目刚上线时，就有朋友说："张华，小朋友们自己可能根本没有银行卡，没用过 ATM，他们怎么做改造呢?"

你看，这就是成年人的思维。成年人的思维定式是，凡是没有用过的东西，就未必能够提出好的建议。他们不会想：恰恰因为孩子们没有用过，所以没有束缚，敢于打破常规。

第一期来自全国各地的 25 名学员，用了 6 天 5 晚完成了这一设计马拉松——用设计思维改造 ATM 的功能或服务，甚至革了 ATM 的"命"。在最后的 TED 式成果发布会上，孩子们除收获了来自他们父母的热烈掌声之外，还获得了我们邀请到的银行行长、ATM 上市公司首席设计师等行业精英和专家们的赞誉。

他们是怎么做的呢？同样是 5 个模块。

第一，知识学习。少年商学院的导师会向孩子们分享一些金融史及案例，并通过启发式提问与问答互动，激发孩子们的兴趣与灵感。同时会带领孩子们到合作银行交流、上课。

第二，户外调研。孩子们被分为 5 个小组，以小组为单位上街做采访。通过小组抽签的方式，各小组被分派任务——聚焦不同的人群。有的聚焦大学生群体，有的聚焦 CBD 白领，有的聚焦社区老人。所有采访都有在头脑风暴后得出的采访提纲，具体采访过程则随机应变。每个小组被要求至少采访 10 个有效样本。

第三，实地探访。我们带领孩子们前往一家 ATM 上市公司的工厂，实体观摩 ATM 的生产、内部构造等，与设计师现场互动，聆听讲解。譬如，当 ATM 受到蓄意破坏时，"墨水炸弹"会将机器中的钞票毁掉，孩子们对"墨水炸弹"非常感兴趣。

完成以上 3 个模块一共耗时 2.5 ~ 3 天，即项目一半的时间。接下来的时间大部分用来进行第四个模块。

第四，真正的设计马拉松。同学们分小组，汇总采访内容并开展讨论，重新定义问题，找到最值得尝试的优化、升级方向。哪怕是一个"微创新"，也着实是用户的痛点所在。在此期间，有指导老师负责引导孩子头脑风暴和寻根究底。

第五，制作产品原型并测试。设计思维的一个理念是，不要只说自己想到了什么，而要把想法变成产品，解决问题才是硬道理。

学生们最后发表 TED 式演讲时我在现场。有两个小组的作品给我留下了非常深刻的印象，令我至今难忘。其中一个彰显了孩子们的科技素养；另一个则体现了孩子们是多么富有同理心。

第一个小组的方案利用了脑电波与人工智能技术。他们对"用人工智能优化用户感受"特别感兴趣，他们认为未来不应该是人体与机器互动，而是人脑与机器互动，所以他们重新设计了一幅人工智能 ATM 原型图。要知道当时可是 2014 年。

第二个小组的作品并没有那么酷炫，但却让我的眼眶湿润了。他们在城市小区中调研时发现，大部分小区里有很多学生和老人，加上南方地区人们的平均身高相对于北方地区人们的平均身高矮一点，但 ATM 的高度是一定的，所以很多人反馈说取钱不方便，于是他们最后设计了一款"自适应身高的可升降 ATM 操作界面"。

你看，学校的课本上没有教过人工智能，也没有老师和他们系统地分析同理心，但他们凭借自己的兴趣完成了资料搜集、分析调研和头脑风暴等，做出了这样不俗的方案。

在台下观摩的银行行长看到孩子们的方案和表现，站起来说要向他们致敬，他说："如果有哪位同学未来真想朝金融方向发展，我愿意从此以后免费做你的行业导师。"他说出这句话时，现场已经不再是一个中小学生的夏令营，而像一场真正的小小创业家路演发布会！

有一位参与项目的同学说，项目结束后他回到家，"看见什么都想改造一下，很多东西都存在问题，但大人们习以为常。"

另一位参与项目的同学在申请美国高中的材料中写下了这段经历，这为她的个人履历增色不少。后来，她被美国高中成功录取，现在即将大学毕业。她在微信中给我留言说：很开心看到当时同学们的设计方案，现在几乎一一变成了现实。

从这个层面而言，设计思维并不仅仅是一种方法论，它同样是一种价值观。如果你真正激发孩子的兴趣，调动其积极性，让其直接参与真实社会问题的解决过程，藏在他们脑海里的无限创意、思辨能力和执行力，将被一一激活。

设计思维正在赋予孩子们新的价值观："改变世界，你可以的。"

重新定义社会实践

设计思维工作坊在 2014 年开展的"ATM 大作战"项目中可以说是大获成功——通过移动支付趋势下 ATM 这一处于新旧金融体系交替的代表，孩子们给了大人一点"颜色"看看，这很好玩，也很有社会价值。

但我们既开心又忧虑。开心是因为，北上广深等城市的一些学校和素质教育机构，希望我们把这个项目或这类项目带到它们的学校或城市中；忧虑是因为，我创办少年商学院的初衷是建造一所新型国际化学校，将全世界最好的通识课程与素质教育项目，带给中国所有的孩子，它不应该只属于某些城市的某些孩子。

如何突围呢？我们想到的解决办法是借助互联网直播，让线上与线下相结合。

62 个城市的孩子同时"拯救书店"

当这个想法诞生时，我向两位教育界的朋友请教，他们摇头说：这类项目本质上是青少年的社会实践项目，它天然就是线下的，有社会化场景、有分组互动、重服务，怎么可能变成一个互联网产品呢？

事实证明：他们错了。新旧技术更替时，"过来人"的话未必值得听，你可能是第一个吃螃蟹的人——大胆尝试，用户会给你最真实的反馈。实际上，直到今天，依然有很多人觉得直播只适合学习语、数、外这些学科，况且素质实践直播课本身听起来就有些奇怪。那么，让我们一起来看看少年商学院是怎么做的吧。我们以"拯救书店计划"这一经典项目为例。

"拯救书店计划"是一个青少年商业创新项目，成立这个项目的起因是：人们的阅读习惯正在发生巨大的改变，实体书店的经营面临危机。我们发动全国各地的小学生来为这一危机出谋划策，制定"拯救"方案。

这是我们与斯坦福大学设计学院的姊妹院校——德国波茨坦大学设计思维学院（HPI d. school）联合研发的一个项目制学习课程。课程为期 5 周，每周一次线上直播课程（一般安排在周五或周六晚上），直播课程快结束时，导师会在同学们最期待的"Are

You Ready"（你准备好了吗）时间发布挑战，孩子们利用周末时间自行或组队用设计思维方法自主实践，然后通过应用程序提交作品。

5 周之后，每个学员或小组都有一个整体的书店危机解决方案，大家在线上分享交流，最后获得结业证书、评估报告与勋章。

"拯救书店计划"第一期付费报名的学员有233位。如图5-5所示，他们来自 62 个城市，既有来自北上广深等一线城市的学员，也有国内其他城市的学员，甚至还有来自悉尼、洛杉矶、新加坡的华人少年！

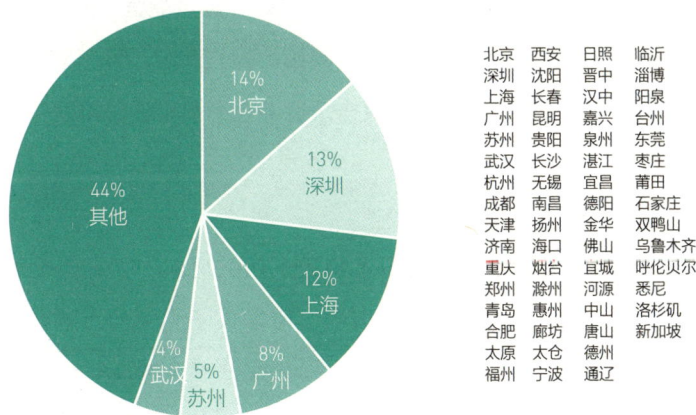

北京	西安	日照	临沂
深圳	沈阳	晋中	淄博
上海	长春	汉中	阳泉
广州	昆明	嘉兴	台州
苏州	贵阳	泉州	东莞
武汉	长沙	湛江	枣庄
杭州	无锡	宜昌	莆田
成都	南昌	德阳	石家庄
天津	扬州	金华	双鸭山
济南	海口	佛山	乌鲁木齐
重庆	烟台	宜城	呼伦贝尔
郑州	滁州	河源	悉尼
青岛	惠州	中山	洛杉矶
合肥	廊坊	唐山	新加坡
太原	太仓	德州	
福州	宁波	通辽	

图 5-5　"拯救书店计划"的学员分布图（按地区）

这个项目的成功得益于以下 5 个因素，我们也能从中看到孩子面向未来的学习方式，以及未来教育的应有之义。

○ 案例教学法：借鉴哈佛案例教学法，直播课程内容妙趣横生

譬如第一周，我们用"诚品书店如何做到亚洲第一"作引导，带领孩子们了解今天的实体书店生态，以及那些经营业绩不错的书店的核心竞争力。最后发布的挑战是"废弃场所大改造"，即让孩子寻找自己家周围或所在城市中一个废弃的场所，思考如果要将其改造成书店，它的定位是什么，受众有哪些人？这考查了孩子们的思辨能力和调研能力。

第二周，课程则以"《哈利·波特》如何让读者欲罢不能"为案例，引导孩子们了解不同类型读者的阅读行为与习惯。最后发布的挑战是：完成一份消费者分析报告。这考查的是设计思维流程中的同理心。

第三周至第五周，我们从日本特色书店的盲盒到亚马逊利润最大化的秘诀等，循循善诱，在课上激发孩子们探索、帮助书店突围的兴趣和线下实践的自驱力。最终，每个学员与小组都出色地完成了他们测试后的"书店原型"，以及未来书店的商业计划书。

○ 混合式学习：线上与线下相结合，双师模式

什么是教育？教育要有反馈。什么是素质教育？素质教育要有学以致用的可能。一些人将"社会实践项目互联网化"狭隘地理解为在线上讲一些有关商业领导力与设计思维的知识，这当然不是用户思维。

今天的世界更为开放，获取知识的方式变得更便捷、成本更低。少年商学院的尝试核心在于让线上课程与线下实践形成完整的闭环。这两个模块是产品的左右手，是不可分割的，没有谁从属于谁，也不能将其分别视为产品和营销。

在这个闭环里，"双师模式"使整个项目可以高效且可持续地运营。"双师模式"是指线上直播课是大班模式，但是会对学员们进行分组，无论是线上讨论还是线下实践，助教老师都可以起到引导作用。特别是线下实践，当学员在户外调研、实践的过程中遇到困难时，我们的助教老师可以通过社群与 App 实时提供各种帮助以及一对一的咨询支持。

○ 社会化学习：用设计思维解决真实的社会问题

所谓社会化学习，是指到社会场景中学习、实践、提升自我。每一个城市都有书店，但是每个书店又都不一样，存在的问题也都

不同，所以线上课程可能是相同的，方法论也是一致的，而线下实践则是个性化的实践和成长之旅。在整个过程中，无论是观察调研、培养同理心、头脑风暴还是定义问题、测试原型等，每个孩子都会落实设计思维流程。这样做不仅能提升孩子们的商业思维，更能提升孩子们的资料收集能力、与人沟通能力、情商与抗挫力等。

记得有一位妈妈说过，有一次她带女儿到书店采访，女儿连续四次想采访他人都被拒绝，急得都要哭了。第五次终于成功了，受访者非常友善地回答了女儿的提问，还给了一些建议，结果女儿愈战愈勇，最后有效采访样本超过 10 个！

○ 新互助社群：学员家庭互助更有场景感，还能提升归属感

在"拯救书店计划"项目发布伊始，我们就招募了有意向合作的书店，以及愿意贡献智力与社会资源的父母。

前者不难理解，某家书店站出来，让小学生去"拯救"，这本身已经是一种社会创新和品牌传播事件了。后者是指在某座城市书店工作的父母，那么"拯救书店计划"属于其所在城市的那些学员，可以到其书店调研，他们需要为学员提供一些指引和支持，而作为回报，他们的孩子可以免费报名这一课程项目。

这样做有两个好处。第一，可以让具有互联网属性的项目在不同的城市"落地"。这个落地不是线下开班，而是利用社会资源，甚至共享资源。第二，同城学员在一起参与这种前卫的创新项目，大家在产生归属感的同时还能交友，而为此提供支持的家长更是获得了成就感。

○ 游戏化学习：积分与勋章 / 实体勋章体系让孩子乐此不疲

"拯救书店计划"采取了三重游戏化学习设计。

第一重：IP 化互动。少年商学院运营公司的名称是"西柚教育"，我们有个 IP 名为"西柚小子"，西柚小子和同学们一起踏上"拯救书店"之旅。他们要在"西柚星球"上建造一个未来书店。这种趣味性可以激发孩子线上学习的专注力与线下实践的自驱力。

第二重：每周完成的挑战和提交的作品都可以获得积分，完成的质量越高，积分越多。

第三重：积分对应勋章。勋章分为"传奇趣少年""金质趣少年""银质趣少年"等，电子勋章会在学员达到一定积分时自动点亮，并保存于学员在少年商学院的数字化成长档案中。获得"传奇趣少年"勋章的学员还将获得实体勋章。这可谓是最高荣誉。

以上就是"拯救书店计划"项目过程的拆解，也是少年商学院作为国内首家在线国际素质教育机构，在 2014—2015 年使出浑身解数、反复打磨的一套创新学习与实践方法，我们称之为"趣课堂"（Lesson Fun）。

从某种意义上讲，趣课堂重新定义了"社会实践"，初步实现了"让世界成为孩子的课堂"的理念。在这个"世界"中，既有优秀的通识启蒙（线上国际化课程），又有物理场景（线下社会实践场景），还有社会导师（书店工作人员等）。

第一个项目的 233 位学员中，如果仅把北上广深视为一线城市，那么一线城市的学员人数占比为 47%，非一线城市的学员占比为 53%。这 53% 是最让我们受鼓舞的，因为它让我们向建构一所新型国际化学校的理想近了一步。

特别是那些非一二线城市的父母，他们希望孩子从小在学科学习的同时，多参加一些通识课程或类似于趣课堂的创新实践项目。但是过去由于资源匮乏，他们只能在寒暑假到一线城市或国外游学，参加一些夏令营或夏校项目。而少年商学院的这种模式，解决了他们的诸多烦恼。更重要的是，非寒暑假的学期内，利用碎片化时间，孩子也可以系统、高效地学习国际化的创新实践课程、参与相关项目。

一个 11 岁少年的"未来公民书店计划"

在孩子心中种下一颗种子，它会生根，它会发芽。

正如上一章提及的小吕同学，他在参加了"小小 CEO"课程后真的做起了小小 CEO。"拯救书店计划"虽然是项目制实践课程，但也影响了不少同学，甚至可能会影响他们的一生。

在这些孩子中，我印象最深的是成都的 3 位学员。其中，两位是 10 岁的蒋昊轩和潘愿愿，另一位是"带头大哥"——11 岁的陈知远。

陈同学报名参加了"拯救书店计划"，但从一开始他就没有把这个项目当成一份"作业"，而是当成一次"研究"。他们小组 3 人最后提交了商业计划书，但游戏并未结束。他说，他未来想成为企业家，开设真正让孩子喜欢的书店。他把这个想法命名为"未来公民书店计划"，还为之开设了一个微信公众号，并在其中分享了 4 类内容——书评、书店探索游记、书店模型和阅读活动。

他继续到成都不同的书店采访、调研，做分析。他们小组 3 人在课程结束后的一年内，探访了几十家书店。以至于后来，非成都的一些书店也向他们发起了邀约，邀请他们帮忙"拯救"。

"虽然现在很多人都阅读电子书，但我觉得，实体书店并不会消失，它会变成一个个更加针对垂直人群学习、分享与社交的俱乐部，兴趣相投的人在一起的氛围还是有不可替代性的。"有一天晚上，我等他做完作业，通过电话采访了他。他说自己最近正在思考要不要发起一项公益阅读活动。

"不过目前时机还不成熟，"当时 11 岁的陈同学的用词已经有些像企业家了，"等我们积累了一定数量的粉丝后，公益阅读的效率才能随之提高，到时候再做也不迟。"

陈同学的这一实践项目，后来还参加了教育部教育管理信息中心举办的"2016 年小学师生创新项目设计观摩研讨活动"，并从 1 万多个团队中脱颖而出，获得了全国一等奖。后来，《人民日报》也对少年商学院的这种线上与线下相结合的做法进行了报道，并提及了陈同学的案例。

和他通完电话后，我最大的感受就是，这个 11 岁的男孩已经具备了不少大人都不具备的思维能力与行动力。其背后的原因是，他把自己的兴趣与社会实践结合起来，用自己对阅读的热爱努力感染和改变了身边的人，并从中收获了成就感。

难怪当我问陈同学"如果世界末日来临，你只能带走一本书，你会选择哪一本"时，他二话不说就投了《中国通史》一票，"我们可以通过古人的创造和发明学到很多知识，也可以以史为鉴，用历史反思自己，改进我们自己的行为。"谈到历史，陈同学的声音又高了两度。

"急切需要的改变"与"突然的可能性"

《纽约时报》专栏作家汤姆·弗里德曼（Tom Friedman）写过：巨大的突破源于"突然的可能性"遇上了"急切需要的改变"（The big breakthroughs are what happen when what is suddenly possible meets what is desperately necessary）。这句话有点儿绕，但它说明了巨大突破的两个必备条件。

什么是我们"急切需要的改变"呢？当下，孩子的学习模式、社会实践的方式都需要做出改变。现在，我们要真正以学生发展为中心，让综合能力、健全人格与学业成绩相得益彰。什么是"突然的可能性"呢？互联网重塑了素质教育，重新定义了社会实践，让优质的教育资源不再是一二线城市学生的专属，让每个孩子，特别是非一二线城市的孩子和乡镇的孩子，都能从小找到自己的学习自驱力与创新自信力。

尽管这条路并不平坦，阻力也很大，但是只要方向是对的，拉长时间轴，慢就是快。

　　　　　　　　　　设计思维对应的 10 个城市物理空间改造

1. 书店：如何让更多的人更愿意去实体书店？

2. 超市：调查超市如何为老人提供更便利的设施？

3. 社区服务：社区银行里 ATM 的问题与改进措施。

4. 交通设施：如何让交通指示标志变得更加人性化？

5. 图书馆：如何真正地融合科技元素，让人们更加安心地阅读？

6. 博物馆：20 年后的博物馆会是怎样的？

7. 医院：如何让孩子在进入医院后不再感到害怕？

8. 餐厅：未来餐厅长什么样？最大的挑战是什么？

9. 机场：如何设计低能耗的飞行器，如何通过空中补给减少中转，以及如何做好机场用地新规划，等等。

10. 学校：到了 21 世纪 50 年代，学校的教育方式会发生哪些变化？

现在，孩子们的物质资源很丰富，但是同理心和解决问题的能力可能有所欠缺。我们在设计"拯救书店计划"时的理念之一是，别总是带着孩子去住酒店和农家乐了，基于城市中的这些场景，让孩子用设计思维玩转超级大改造吧。

书店、学校、餐厅、电影院、游乐场等，任何物理空间都可以让孩子利用设计思维的流程和上文中的"拯救书店"模式，发挥创造力。这就是全新的社会实践，也是值得新生代父母和孩子一起完成的工程。

我们常说，优秀是一种品格，也是一种习惯。记得曾经有一位 9 岁的黄同学，因为年龄较小，便由他的妈妈带领他一边学习少年商学院的课程，一边进行社区大改造。

他选择的改造对象是小区里的垃圾桶。他发现，大家在丢垃圾时有两个常见问题：一是垃圾桶已经满了，还继续往里面扔；二是垃圾桶未曾装满，大家却把垃圾丢在外面。难道是大家的素质有问题吗？他到小区做了很多采访，还蹲在暗处观察人们怎么丢垃圾，最后发现原因有两点：一是垃圾桶不显眼；二是高度或气味问题，大家丢垃圾时都不愿意靠近垃圾桶。

"我最终设计了一个'绿鳄鱼垃圾桶'，它的形状和颜色足够吸引人，更重要的是它的舌头比较长，这样，因为接触范围广，就能降低垃圾被丢在外面的可能性。最近，我会将我的设计制作成一个真实的垃圾桶原型。"黄同学说。

后来，他参加中央电视台举办的全国英语演讲大赛，他在演讲中分享了自己制作"鳄鱼垃圾桶"的案例，还说"我最擅长的是用同理心改造周围的世界，哪怕是小区这样的小世界"，这赢得了所有评委的掌声。

企业将成为素质教育的参与者

对于初中生和高中生等年龄大一些的学生而言，如何让社会中的企业变身为他们可学习和实践的场景，一直是我在思考和尝试的课题。早在 2014 年，我们曾经在广州、南京等地发起"开眼界"企业体验学习营，带领学员们分别去了网易游戏、蓝弧动画、广船国际、特斯拉、亿航无人机等企业进行社会实践与学习。

学生们到这些地方进行社会实践并不是走马观花式的参观，而是完成"四步走"的深度学习与实践。一是知识课堂，譬如到特斯拉了解汽车简史及其对电动汽车的展望；二是实体探访，即体验产品与服务；三是职业启蒙，比如请工程师等行业资深人士向孩子们分享他们是怎么度过一天 24 小时的，他们小时候是怎样的学生，长大后从事这份职业的成就感来自哪里；四是"迷你设计思维工作坊"，即对学生进行分组，以 2 小时为限，用设计思维聚焦所在企业在产品和服务方面存在的一个问题，并提出解决方案。

孩子们当时非常开心，收获满满。但是因为每家企业每期能接收的学生数量有限，要协调的资源又非常多，所以我当时的感觉是，自己在错误的时间做了正确的事。"开眼界"项目后来升级成为"趣课堂"项目，这样，思路一下子就打开了。

后来，我到美国调研美国教育科技公司 EverFi，到芬兰调研 Me & My City [1] 项目。我依然坚信，假以时日，创新企业一定会以更便捷的方式成为素质教育的参与者，即让企业里的专业人士以诸如"知识大使"的身份，为孩子提供通识启蒙教育（线上可不限量地接收学生），以及从轻度实践（可接收较多学生）到重度学习（选拔出来的优秀学生）的体验与引导，这一定是未来社会会发生的变革。

长期来看，素质教育的本质是社会化的，它更像文化产业；应当是潜移默化地"影响"人，而不是技能性地"培训"人。想想看，无论是中国学生 6 大核心素养框架，还是美国 MTC 八大能力模型，这样的素质教育都会让孩子具备面向未来所必备的核心竞争力。孩子们可以随时随地学习，甚至可以到各物理空间及企业中实践，为企业出谋划策，而他们的实践积分可以获得品牌企业的产品优惠，还能为家庭的生活支出节省一笔钱。

---

[1]　Me & My City 是芬兰教育与文化部于 2009 年设计创立的项目，是将小学教学大纲和体验式教学进行创新性的融合。

这是企业、社区与学校的融合，也是一个社会走向成熟的必然。企业和社会是真正让孩子践行设计思维的场景。从产业的角度来说，未来，中国一定会出现青少年社会化学习平台型的素质教育"独角兽"企业。

从另一个角度来讲，无论小学生还是中学生，现在的学业压力都比较大，不少学生甚至出现厌学心理，只对游戏感兴趣。而这样的社会实践，至少会以一个有趣的切入点激发他们对现实世界的好奇心与创造力。这种持续性更便于孩子养成好习惯，让他们能够将知识、能力与品格内化为自己身体和思想的一部分。

再回到"T型少年"的话题，我归纳出一个最简单的公式，即

青少年通识教育 × 设计思维 = T 型少年

从当"小学徒"开始

当你面对一群七八岁的孩子时，如果你对他们说："在你们中间，将来有人可以发射火箭，有人会成为宇航员，有人会成为中国的马斯克……"你猜他们会有何反应？

在他们眼里，这个世界上的任何事情都是有可能发生的，而大人可能会觉得这是一碗碗"鸡汤"。

如果你再问他们："发射一枚火箭需要什么?"这群七八岁的孩子说出的答案是梦想、勇气、朋友、知识……

本章我们分享了设计思维的流程和全新的社会实践思路，而有的家长和教育工作者会说："这太难了！有没有更加便捷的方式，能提升孩子的分析能力与创造力？"

有，但先听我讲一个故事吧。

2019 年，我接到儿子所在学校的邀请，让我到孩子班级（二年级）做一堂故事分享课。

领到这个任务时，我特别开心，因为每一位爸爸都想成为孩子眼中的榜样或英雄，这也是父母与孩子亲密接触的一次机会。

这让我想起了对我影响很大的一部电影《十月的天空》（*October Sky*），我正好可以和孩子们分享这部电影所讲述的故事。

这是一部根据真实事件改编的电影，在过去的十几年中，它给了我非常多的启发，每当我困顿时，每当我为孩子的未来感到些许焦虑时，我都会看这部电影。

"发射火箭，你也可以"

这部电影描述的是美国国家航空航天局（NASA）工程师霍默

（Homer）的成长故事。小时候，他生活在美国农村，开采煤矿是当地所有人的生活重心。当苏联发射了人类第一颗人造地球卫星时，霍默立刻被吸引了。

"我也要发射火箭！"就在那一瞬间，霍默树立了自己的人生梦想。他开始疯狂学习与火箭有关的一切知识，努力突破自己的边界，实现自己的梦想。

我给孩子们讲的故事分享课的主题就是"发射火箭，你也可以"。在分享这个故事之前，我先问了孩子们一个问题："如果现在我说，你们当中有人可以发射火箭，你们觉得谁可以完成这项任务？"

话音刚落，至少有 8 个孩子举手，抢着回答："我可以，我特别喜欢科学，我要成为马斯克！"这让我很惊讶，这群只有七八岁的孩子，他们的偶像已经是马斯克这样的人。

我紧接着问他们："你们觉得，发射火箭最需要什么材料？"孩子们七嘴八舌地列举了一些需要的材料——炸药、金属、燃料罐……

听完孩子们的回答，我给他们放了我提到的这部电影的第一个片段。

当霍默看见苏联发射人类第一枚人造地球卫星"伴侣号"（1957年 10 月）时，他立刻被吸引了，回家后，他兴奋地对父母说："我要造一枚火箭，像'伴侣号'那样的。"

可惜，无论是他的父母还是他的同学，都不相信他可以做到，大家都觉得他是在异想天开。在学校里，很多人嘲笑他："你见过火箭吗？你知道火箭是什么人才可以发射的吗？"

但他没有在意这些嘲笑，他依旧坚持自己的梦想，并不断地告诉自己："我要发射火箭，我要发射火箭，我要发射火箭。"

这就是我那天和孩子们分享的第一点——发射火箭，我们需要的第一个材料是梦想，是决心。

"发射火箭"五步法

仅有梦想和决心远远不够。我接着引导孩子们思考："当你有了梦想和决心时，你该怎么做？"

让我们先回到霍默小时候，看看他是怎么做的。那时，他做的第一件事情就是去图书馆查阅资料，了解一切与火箭相关的知识。

在小镇上，人们更关心地下的煤矿，而不是天上的东西，所以相关内容的图书并不多。但是在图书馆，他意外地发现了他的同学昆廷（Quentin）。

昆廷是个太空迷，喜欢沉浸在自己的世界里，看起来与周围的人格格不入，大家也不愿意搭理他。

有一天在饭堂吃饭时，大家三三两两地坐在一起，只有昆廷独自一人。霍默看见了，忍不住跑过去问他："你对火箭有研究吗?"

听到这个问题，昆廷立马如数家珍，和霍默分享了他知道的一切。他们一起讨论火箭的发展史、火箭燃料的制作方法……相同的梦想和追求，让他们成了最好的朋友。

只靠自己摸索太慢了，因此霍默想办法找老师请教。在他生活的村庄，没有专业的老师，他就找到父亲工作的矿上的老师傅，向他请教爆破的原理。

有了初步的理论知识和志同道合的同伴后，他就迫不及待地开始实验。他们开始制作火箭模型，然后试飞，可惜每一次都失败了。

霍默可不会就此放弃，他和昆廷不断地分析失败的原因，想办法改进。为了找到比较耐热的钢材，他们甚至去撬废弃的铁轨。

对二年级的孩子们来说，这些片段还是比较震撼的。那么，霍默的这个小团队，为什么可以愈挫愈勇呢？

其实，这是创新教育的方法论，也是我想告诉孩子们的一个方法——当你有了梦想后，你应该怎么做。

那么，究竟什么是创新教育的方法论呢？答案很简单，就是做到以下五步。

- » 第一步：树立梦想。
- » 第二步：调研、查找资料。
- » 第三步：当一个学徒。
- » 第四步：找到一个志同道合的同伴。
- » 第五步：实验。

做学徒与找同伴的重要性

我们重点来聊聊第三步和第四步——当一个学徒和找到一个志同道合的同伴。

"学徒制学习"是一种在欧美非常流行的实践学习方法。前些年，美国政府声称将鼓励在高等教育中更多地使用"学徒制学习"。中国自古就有"学徒"的说法，跟着师父学习一门手艺，徒弟在新手阶段被统称为"学徒"。简单来说，就是在自己感兴趣的领域，找到专业的社会化导师并向其请教、学习，积累社会经验，而后通过亲身实践，在实际中发现问题、解决问题。

独木不成林。如果一个人有一个拥有相同梦想的同伴，是非常幸运和幸福的。这个同伴可能是别人眼中的"奇葩"，或者是不可理喻的人，但只要他人品不差且和你有同样的爱好，就值得交往。

这时，我把这五步写到黑板上，问孩子们："你们的梦想是什么？"

话音刚落，孩子们就七嘴八舌地说起了自己的梦想。

有人说："我要成为艺术家。"
有人说："我要成为世界上攻克人类难题的医生。"
有人说："我要成为企业家，赚很多很多的钱。"
……

在这样循循善诱的过程中，我围绕上面的 5 个步骤不断激发孩子们的同理心和思辨力，到最后，当我再问"每个人都有可能发射自己的火箭，你们同意吗"时，所有孩子异口同声说"同意"。这时，发射火箭需要什么原料这一问题的答案，变成了勇气、梦想、勤奋、伙伴、好老师……

从小如何做学徒

我讲这个故事的目的，是想回答前面提到的那个问题，答案可以用两句话概括。

一是，孩子创造力的引擎是理想教育，是信念教育。有了理想与信念，创造力的提升才是由内而外的，才是根基扎实的。

二是，从小让孩子做学徒，是培养创造力最简约、便捷的方式之一。这是非常简单的一个道理：你可能载着孩子去修过车或去过4S店，你有让孩子下车，到车间找一位师傅学习交流一下或者观摩一下汽车维修的原理吗？如果孩子年龄稍微大一点，索性找个周末，哪怕只是一天，给师傅当一次助手，也会有很大收获。而这就是小学徒。

社会即课堂。说到修车，在美国，童军活动[1]（Scouting）经常组织学生参加类似的职业体验和社会实践活动。出发前，学生们要做功课，而且至少利用一次会议时间学习汽车的基本知识和原理。家长和老师要教孩子们认识汽车的各种部件，包括如何查找

---

[1]   又称"童子营"，是一个国际性的、按照特定方法开展青少年社会性活动的组织。——编者注

机油型号和要求量，以及怎样给汽车换轮胎，等等。

在学徒实践部分，可以将一群孩子分成 3 组，用 3 辆不同的车实习，分别是小轿车、吉普车和小卡车。是的，真的要给车换轮胎。孩子们需要学习用千斤顶把车顶起来，拆卸轮胎。必要时，孩子们必须直接趴到车下面进行操作。此外，包括读取表盘的数据和信息，检查轮胎气压、发动机、制冷系统、电子系统、驻车制动系统等，都要实操！孩子们完成挑战，才可以得到"汽车维修勋章"。

实际上，"学徒制学习"最开始盛行于德国、瑞士等国家，因为它几乎等同于实习，所以一般从中学阶段开始。

在瑞士，孩子从中学起，每周都要接受 1 小时的职业指导（professional instruction）课程。七年级时，教师采取问卷或测评等方式，让学生探索自己的兴趣和能力。这时，地方职业局也会委派代表来讲解职业教育的情况，同时发放相关资料供学生了解，或者带领学生参观职业局，让他们熟悉工作组织与流程，也会有专业指导人员回答学生咨询的问题。

等到八年级第二学期，学生就可以申请体验学徒工作，到九年级，就能进行学徒岗位申请和面试了。经过一系列准备后，学生要开始"职场见习"。

在德国，工作与学校学习相结合的"双轨制系统"非常流行。这里没有中考，学生初中毕业后，可以选择进入文理中学，将来升入大学深造，也可以选择"全日制职业教育"或"双元制职业教育"。后者不同于前者，学生既要在企业中接受职业技术培训，也要在学校里学习基础知识，即我们所说的"学徒制学习"。

"学徒制学习"其实是一种终身学习力

"学徒制学习"强调从学生的兴趣出发，强调真实情景中的体验和思考，强调以解决问题为导向。它和"体验式学习"的不同之处如下。

» 接受学徒制学习的孩子，大部分时间是在企业接受培训和实践，小部分时间是在学校接受理论和知识教育。
» 他们都有双重身份，在学校，他们是学生；在企业，他们是学徒。
» 他们的目的不仅仅停留在"激发学习兴趣"或"融合学科以便更高效地学习"，还升级到了体验职场生活、探究职业精神的高度。

相对而言，在中小学阶段开展体验式学习是很适合的，也是非常有必要的。在这方面，日本和芬兰的做法可圈可点。因为在这两个国家的中小学里，"生活技术课"与"生活经济课"都是必修科目。

从广义上讲，学徒制学习未必一定要到实体场景修车，只要找到一个社会化导师，跟着他学习、实践、创造价值——哪怕是思想价值，就可以称为"学徒制学习"。

所以，一方面，父母可以为孩子介绍他想跟着学习的"师父"。另一方面，父母可以鼓励孩子大胆出击，给任何他想跟着学习的人写邮件或上门拜访。

简单来讲，学会给自己找导师，是学徒制学习系统的关键。换言之，学徒制不等于学校或家长帮孩子找好当徒弟的地方，它的内核是拥有自主学习及终身学习的能力。

"带孩子上班日"

现在，无论在欧美、日本还是在中国，不少企业流行每年搞一次"带孩子上班日"，并且一般是在寒暑假。在这一天，孩子从父母的工作场景开始，接触大人的世界。这样做不仅可以让孩子近距离接触一家公司与一个职业，同时也能增强亲子关系。这种做法非常人性化，也非常有价值。

少年商学院曾在智慧父母学院发起过"带孩子上班日"。我选择了全国各地的一些样本，归纳起来有如下几件事情可以带着孩子去做。

1.让孩子实地观察，并围绕一个产品或服务记录其详细流程与分工。孩子每天都在享受商业社会中的各种产品或服务，但一件产品是怎样被生产出来的？生产过程中人们是如何分工与协作的？

例如，广西南宁的马同学跟随爸爸妈妈走进了一家乳业有限公司，他从收原料奶的输奶管道出发，依次走过检验区、原料杀菌区、发酵区、翻缸区、检验区、贮存区……并把每个步骤都记录了下来，绘成了一张分工流程图。

2.自己动手参与某个生产环节。让孩子参与生产的一个小环节，旨在教育孩子劳动不易，要珍惜成果。

比如江苏南京的陈同学最爱吃糖果，在妈妈的鼓励下，他去糖果店自荐当了一天的学徒。北京最爱拉小提琴的王同学，则到了小提琴作坊实习。他发现"做一把琴从开料到成型总共需要半年到一年的时间"，为此工匠们的手都磨出茧了。王同学下定决心，以后要更加珍惜自己的小提琴。

3.提出生产改良建议。只是让孩子观察或轻度参与，还是有点不够深入。何不让孩子开动脑筋，为现在公司或部门内部人员的协作，如提高效率或改善工作现场氛围等，提出他们自己的意见？

有人可能会说，这是管理层的工作，对孩子来说太难了吧？别急着下结论，孩子们独特的观察角度往往能带给大人们意想不到的启发。

比如广州的乔同学在餐厅里观察了不同岗位的员工协作，他发现，虽然餐厅的营业时间都在白天，但工作强度太大了，而且对员工的反应速度要求很高。他提出，应该实行轮班制，员工休息好了，才能心情好，服务质量才能有所提升。

4. 采访管理层，了解运营公司的不易。跳出工作内容，与行业精英们，特别是老板们，一起聊聊运营公司的不易，往往也能让孩子受益匪浅。

比如安徽合肥的昂同学就随妈妈到了一个朋友开的包装厂做调研，还通过采访老板，明白了许多道理：

» 生产的东西必须是客户需要的，否则没有人会买。
» 经商时要考虑成本，了解市场。
» 不管什么时候，即使自己生病了，也要想办法解决问题，努力为自己的事业而奋斗。

孩子的能量超乎大人们的想象。父母站在孩子的角度找到他感兴趣的事情，引导他接触社会、动手实践，真的非常重要。

带孩子上班无疑是让孩子零距离了解父母工作环境的最好机会。在这个过程中，劳动、责任、团结等抽象的概念早已融入每一个细节，无须唠叨，孩子们也看得懂、学得会。

领导力与团队合作力

当你足够谦逊，能够真正成为一个具有团队精神的人时，当你能够由衷地赞赏他人的贡献时，你和你的团队已经走在了通往成功的路上。

——约翰·汉尼斯

斯坦福大学原校长、谷歌母公司 Alphabet 董事会主席

在日常生活中提升孩子的领导力

什么是 "领导力" (Leadership)？不少家长对领导力存在一定的误解，认为这是由"干部职位""权力"以及领导的人数多少决定的一种才能。

事实上，头衔本身不足以说明领导力，而没有头衔也不等于不具备"领导力"。

领导力的本质是影响力，是综合能力的体现。人们在和团队成员合作达成目标的过程中所体现出来的人格魅力、洞察力、感染力，以及在困难面前展现出来的毅力、勇气和决心，才是对领导力最佳的诠释。

很多欧美名校（包括中学和大学）都非常重视申请者的领导力。例如哈佛大学最重视申请者的"自信心、热忱、幽默感、对他人的关心"等几个方面。耶鲁大学的官网直截了当地写道：

> 你不是一定要担任一个全国性的组织的主席才能给录取委员会留下深刻的印象，但委员会希望看到你花时间抓住有意义的机遇，并积极地影响你周围的人。你应对你投入时间做的事情，展现出深深的执着与真挚的热爱。追寻真心向往之事的无上愉悦而非连篇累牍陈列活动的简历，将会让你具备更强有力的资格。

本书前文在不少地方都提到了领导力，特别是设计思维与创新创业思维的培养，它与同理心、领导力和团队合作精神息息相关。本章我们重点讲述：家庭作为一个"团队"，如何在日常生活中提升孩子的领导力与团队合作力？

跟着儿子去旅行

2019 年的一天，我对大儿子说："今年国庆假期，你来安排咱们家的旅行计划。"

"我？"他用不可思议的小眼神非常诧异地看着我。

"对啊。以前都是你跟着爸爸妈妈旅行，这次，你带着爸爸妈妈
去旅行。你可以的。"

他没有听错，你也没有看错。我让八九岁的孩子，制订家庭旅行
计划，包括目的地的选择、家庭成员的分工、预算分析、签订旅
行分工责任书等。

我其实是在做一个"实验"，即给孩子更多的自主权，观察之后
会发生什么。这个世界，基本上还是"大人说了算"的世界，特
别是在家庭这样的一个集体里，"你还小"这句话让很多孩子丧
失了太多成长的机会，"忙你的学习去吧"又把孩子硬生生地塞
进了一个狭小的空间。

老大半推半就地接下这个"项目"后，在接下来的一个月，每个
周末他都会推进项目的一个部分，最后形成了一个还算成型的方案。

○ 目的地的选择

这个环节的核心"工作"，是召开一场家庭会议并进行头脑风
暴。我家老大作为主持人，先让大家将目的地分别写到或画在一
张便笺纸上，5 分钟后时间到了，就不能更改了。便笺纸贴到墙上，
每个人分别发表意见，说说为什么会选这个地方，然后投票，票
数最高者获胜。

最后我的方案——去瑞士，获得高票。原因非常简单，我告诉他们可以到雪山上玩，儿子们这些"南方宝宝"，一下子就被吸引了。

○ 家庭成员的分工

分工与合作是社会高效运转必不可少的部分，也是家庭不可或缺的部分。因为孩子们年龄不大，所以我把他们熟悉的《西游记》中唐僧师徒的分工进行了拆解：唐僧作为领导者，目标明确，负责方向与进度统筹；孙悟空神通广大，负责保护师父和师弟；沙僧兢兢业业，挑着行李埋头苦干；猪八戒虽然好吃懒做，但幽默风趣，负责搞好气氛，协调师父与师兄师弟间的关系。

儿子最后列出来的分工表是：妈妈负责酒店的选择与食宿；爸爸负责开车（我们是自驾）和买单，他负责机票对比和日常开销记账，弟弟们负责从买回来的《漫画瑞士》一书中选出一定要去的景点。

○ 预算分析

我为这次全家旅行列出了一个整体预算。因为老大正好负责记账，所以他要列出主要花钱的项目，譬如机票、酒店、门票、租车、吃饭、礼物等，然后我一项一项地引导他来做预算分析。以机票为例，9 月 30 日出发 10 月 6 日返回，与 10 月 1 日出发 10 月 7 日返回的机票价格不同，为什么不同？我们选哪个合适？这其实考验的是信息收集、对比研究、财商等思维分析能力。

○ 签订旅行分工和责任书

之所以签订旅行分工和责任书，是为了营造仪式感，即最终形成
一个表格，就像合约书一样，注明全家决定国庆假期去瑞士（见
图 6–1），每个人的分工是什么，必须履行什么义务，必须遵守

图 6-1　一家五口在瑞士雪山

什么规则。大儿子负责整理，我负责打印。然后，每个成员都需要在上面签字。因为老三比较小，在上面画个符号就可以啦。

整个过程非常好玩儿。我们从中也收获颇丰：一是孩子觉得原来家里的一些大事，自己也能参与进来；二是在整个过程中，孩子的组织能力、统筹能力与判断力都得到了锻炼和提升；三是无论是瑞士的人文地理知识，还是人民币兑欧元的汇率涉及的金融知识，或者是各项开销涉及的财务知识，都帮助他们增长了不少对真实社会的认知。当然还有最重要的一点，那就是一家人的其乐融融。

其实我在家里做的这个实验课题，是少年商学院"小小 CEO"课程的实践挑战之一——让孩子制订家庭旅行计划并明确家庭成员的分工，参与的学员年龄在 9 ~ 12 岁。他们认真提交的每一份作品与方案背后，无疑是一个又一个认真负责、重视孩子日常领导力提升的父母。

再说回我的儿子。也正是当我把少年商学院的学员，特别是他的同龄人做的方案简单地分享给他，并采取了一定的激励机制后，他的眉头才变得舒展了，从诧异到好奇再到跃跃欲试，最后说："好吧，我来试试。"

在此，我想给读者的一个建议是：孩子上中学之前，放权给他一个机会，让他作为团队领导者策划和统筹一次家庭旅行吧。

领导力启蒙从"管理家庭团队"开始

家庭就是一个团队，生活中需要协作，而不是让某位家庭成员承包一切。一些家庭项目需要所有成员参与其中，既有"项目负责人"，每个人在项目里又有相对明确的定位和分工。这对孩子领导力的提升和好习惯的养成，都大有裨益。

尽管不少决策权其实还在家长手中，但是这种实践让孩子从中获得参与感和成就感，为他提供了建立责任心的机会。同时，家长也在支持或协调管理的过程中，给孩子上了领导力示范课，让他们从小耳濡目染，可谓一箭双雕。

美国畅销书作家布鲁斯·费勒（Bruce Feiler）著有《幸福家庭的秘密》（*The Secrets of Happy Families*），他曾在 TED 演讲中分享了如何将技术工程师所熟悉的"敏捷开发"这一方法论引入家庭管理中。

"敏捷开发"的开发过程不应当是自上而下的领导，而应当将团队分成小组，由这些小组自我管理，持续更新，定期沟通，及时反馈，不断调整。

有家长可能会说，家庭管理和项目开发不同，我们不是受雇于公司的员工，而是有血缘关系的一家人。说得没错，我们未必要完全照搬"敏捷开发"，但是其中的一些思维与方法着实值得家长借鉴。我认为以下 3 点是非常值得践行的。

○ 头脑风暴，提炼出家庭的核心价值观

什么是家庭的核心价值观（family core values）？就是你觉得什么东西最重要？你与家人在做人做事时秉承的原则是什么？是什么力量让你和大家在做人做事时心有灵犀、互相支持和提携？

费勒在演讲中提到，有一次，他的女儿在学校和别人发生冲突，他们非常担心女儿，却不知道该怎么和女儿谈论这件事。于是，他们就陪女儿共同回顾了家庭价值观和使命，让她看看有没有哪一条可以用来解决这件事。"我们要团结别人"，女儿说，于是他们找到了这次沟通的突破口。

看看费勒一家的核心价值观都有什么："我们爱学习""犯错没什么大不了""我们是一群'奇葩'的乐天派""我们要团结别人""我们不喜欢僵局，我们喜欢解决问题"……而这些家庭核心价值观，是他们一家人在一次睡衣派对上，一边吃着爆米花，一边讨论和归纳出来的。最后这些家庭核心价值观被做成了一个挂图，挂在了家里的墙上。

一个家庭或一个人要有核心价值观，一个企业或一所学校，乃至一个国家，都需要有核心价值观。

我在北美参观一些学校时发现，不少中小学教室的后面，即我们说的"黑板报"的位置贴了一些标语。这些标语其实就是班级核心价值观的归纳。

> » 我会尊重别人，具有责任感。
> » 我也值得别人信任。
> » 我永远以公平公正的原则行动。
> » 我承诺要做一个好公民。

有时，同学们需要在班级核心价值观的声明上签字，以代表其严肃性并表明自己将遵守承诺。

以企业为例。我离开《南方周末》创办少年商学院之前，到丹麦拜访了乐高集团的首席执行官。当时令我印象深刻的场景之一是，该公司的墙壁上挂着一幅偌大的太极八卦图，上面写着"阴阳文化"（Yin-yang Culture），主要包括 11 条，翻译如下。

> » 要与员工亲近，也要保持适当的距离。
> » 要出类拔萃，但不要鹤立鸡群。
> » 向员工展示信心，同时让他们感受到存在感。

» 有容忍心，但要牢记处理事情的方法。

» 对自己负责，同时忠于企业愿景。

» 工作要精细，计划须灵活。

» 勇于自我表达，但要注意策略。

» 要有远见，同时脚踏实地。

» 关注舆论，但不为其所累。

» 要有活力，但要三思后行。

» 自信而谦逊。

优秀的品质能让人受益终身，正确的价值观能让团队更有凝聚力。在此，我建议你也挑个日子，组织一场家庭活动，让包括孩子在内的所有家庭成员，一起聊聊并确定你们家的核心价值观。在谈论过程中，即便孩子说了一些有点"搞怪"的话，也不要呵斥他，他们的奇思妙想可能代表新一代人特别的表达方式与真实想法。

○ 每个人都参与家务劳作，并用"家庭看板"监督进度

包括孩子在内的每位家庭成员都需要参与到家务劳作中。别小看做家务这件小事，它反映的是责任心、影响力以及"家庭公民"的义务。而使用家庭看板，可以把每个家庭成员一周需要分工协作的家庭事务都列出来。

英属哥伦比亚大学（UBC）做过一项实验，研究人员深入分析了

326 名 7~10 岁的孩子及其父母，分析家务分配情况对孩子之后的职业选择的影响。结果发现，在爸爸妈妈共同分担家务的家庭里，女儿更有"野心"，她们不容易受性别思维束缚，在择业时更有勇气挑战军官、首席执行官等男性居多的职业。

相反，如果爸爸从不做家务，女儿则更容易产生男女不平等的潜意识，在择业时，更偏向于教师、护士、图书管理员、家庭主妇等女性居多的职业。

很多爸爸天然地认为，做家务和自己无关，只要自己在事业上努力打拼，成为所谓的成功人士，就能向孩子传递正能量。然而，"最重要的并不是和女儿讨论性别平等，而是身体力行去实践"，这项实验的负责人、英属哥伦比亚大学心理学系博士生导师阿丽莎·克罗夫特（Alyssa Croft）教授如此建议。

在家庭成员一起做家务的过程中，"家庭看板"可以使进度可视化。各种看板形式中，我最喜欢的看板是这样的——分成三栏：从"待做"到"正在做"再到"已完成"，把一周内要完成的家务写在便利贴上，成员自愿领取任务或提前分配好任务。每位家庭成员的家庭事项都用同一个颜色的便利贴，这样一目了然。

○　每周开家庭会议，每个人讲出自己的故事家庭会议最好安排在周日下午或晚上，以便对本周所有家庭事务复盘、总结与反思，同时制订新一周的计划。在此，我建议应该让每位成员都有机会成为家庭会议的轮值主持人。

费勒家的周末会议上，一般会问"本周我们家哪些地方做得比较好？""哪些地方还不够好？""下周我们怎么提升？"，我建议再加上"你本周最大的收获是什么""哪一件事情让你非常难忘""你下周的计划，需要的支持是什么"等。

我们家也有召开家庭会议的习惯。一般来说，召开家庭会议有 3 个任务。第一，建立每个人，特别是孩子们的成就感，做得好的地方一定要夸赞，但是做得不好的一定要批评、严厉批评甚至惩罚。我奉行的一个原则是"及时表扬，定期批评"，即在日常孩子做得好的方面，及时给予表扬；做得不好的方面，可以提醒，但批评不要过于频繁，可以改为定期的严厉批评。

第二，向家庭其他成员提出意见或建议，譬如孩子说"爸爸说了这周有三天可以回家一起吃晚餐，却只回了一次"。这时，爸爸就要做出解释。

第三，引导孩子说出本周最难忘或最好玩的一件事。这些任务，一方面可以增强孩子们的表达力；另一方面，父母分享的一些家庭难忘时刻，或自己遇到困难时如何迎难而上的经验，皆可进一步加深孩子对家庭核心价值观的认知与理解。

好的家庭应该是"有限责任制"

管理学与领导力大师、曾任杜克大学福卡商学院院长的威廉·博尔丁（William Boulding）写过一篇文章，标题是"商学院应该培养学生哪方面的能力"。你猜怎么着？他通篇讲的，皆是他自小从父母身上学到的品质。"不可否认的是，他们的言传身教影响了今天的我。至少在青少年时期，父母是孩子最关键的人生导师。"

在文章的最后，博尔丁总结道："我思考我父母的例子，探索学生领袖和商界领袖或许能从中领悟到的道理：用目标感去为他人的生活创造不同；打破障碍去建立协作和推动创新；不要以简单化和狭隘的个人利益为出发点确定立场；成为一名全球公民。这些要素构成了有担当的领导力，这是一种在我们这个互相依存的世界能驱动积极进步的力量。"

父母给孩子做表率，但同时让孩子不断地承担责任，锻炼其领导力，做表率与锻炼之间的界限感是问题的核心。有一次，我在为少年商学院的家长朋友们做分享时，提出了一个观点：幸福的家庭都应该是"有限责任制"。这其实也是我的亲身经历与心得体会。

第一个孩子出生后，我们家组织结构的状态就像一个"个体户"。我们知道，从商业角度来讲，个体户是无限连带责任，所以类比寓意是：你觉得为了孩子自己什么都可以做，那种大义凛然、想要做一个所谓"好爸爸"或"好妈妈"的样子，其实已经是"过度教养"（主动无限连带），已经越界了，但你乐此不疲，浑然不觉。

第二个孩子出生后，"个体户"变成了"有限合伙企业"，我的太太变成了负责管理与执行家庭事务的"普通合伙人"，她背负的担子其实更重了；而我因为那段时间忙于创办少年商学院，陪伴家人的时间比较少，更像一个负责出资但不负责管理企业的"有限合伙人"。到现在，我都对此感到内疚。因为我坚持"家庭第一、事业第二"的核心价值观，那时却偏离了航道。

第三个孩子出生后，我们从容、淡定了太多。此时的家庭结构就像"有限责任公司"，全家人就像一起创立公司，各有分工，共同经营，互相照应。最重要的是：孩子就是孩子，你就是你，你要为家里承担更多的责任，但是一定不要对孩子"过度教养"，相反，我们要给他们更多的机会在家里展示参与感、责任心与领导力。

从智商、情商、财商到"众商"

有一年，马云在乡村教师颁奖典礼暨《重回课堂》的演讲中，说了这么一段话。

团队就是不要让别人失败，不要让你的合作伙伴失败。什么叫作团队建设，你说了半天道理没有用，踢了足球以后，你永远不给别人传球，就没有人愿意跟你玩，这个人就知道什么叫团队。打篮球的人只知道自己往里面灌，抢了球就往里面跑，没有人愿意跟你玩。中国大部分都是三口之家，如果我们的孩子都没有学会什么叫作团队合作，我们怎么和世界合作？

孩子不愿意合作，怎么办

在少年商学院，我们经常遇到这样一些同学，他们很聪明，创造力也比较强，但是面对一些很明确地需要团队合作的课后作业或实践挑战时，他们会习惯性地选择自己去做，而不和其他同学一起。问其原因，一般的回答是："其他同学没有我想得多，所以不想和他们合作，浪费时间。"

每当遇到这种情况，我们都会把一个有趣的小故事讲给不愿意参与团队合作的孩子听。

20世纪70年代的一天，英国天文学家威廉、物理学家木辛特、逻辑学家赫迪从伦敦出发去苏格兰参加一场科研会议，越过英国边境不久，他们发现了一只黑山羊。

"真的太有意思了！"威廉说，"苏格兰的山羊都是黑色的。"

木辛特对威廉说道："威廉先生，你这样没有广泛论据的推断是不可靠的。关于苏格兰的黑山羊这个问题，我们现在只能得出如下结论——在苏格兰这个地方，有一些山羊是黑色的，而不是全部。"

赫迪马上接着说道："木辛特先生，你说的这个结论也不严谨，我们在此时真正有把握的结论只不过是，在苏格兰这一片地域内，至少有一个地方生活着至少一只黑山羊。"

这个故事可能在告诉我们：人们总是愿意看到自己希望看到的东西，同时会忽略其他东西的存在，这是每个人的弱点。一旦我们认定了某件事，偏激的想法便在此时产生了。

没有人是圣人，毕竟，成为故事中那样善于观察的天文学家已经很难了，更不要说同时做一个物理学家和逻辑学家。

是的，在生活中，很多时候我们都会出现上述情况，一旦我们认定了某件事，就只能看到其中的一面，或者只看到我们认为的那种情况。

"三个臭皮匠，顶个诸葛亮。"了解得更全面，才能得出更好的解决方法。希望下次，当你的孩子拒绝团队合作时，你可以给他讲讲"黑山羊"的故事。

"众商"决定你能走多远

我们在前面章节分享过"设计思维"的方法论，而同理心和团队合作都是其中重要的组成部分。在与我们合作开发"拯救书店计划"商业与设计思维课程时，德国波茨坦大学设计思维学院的老师们也专门提及：在提升孩子能力的课程目标设置中，一定要将团队合作放在重要的位置上。

德国人有团队合作精神是出了名的，看看德国的国家足球队就知道了。"德国战车"有着优秀的团队协作精神，他们不单独依赖某个人的出色能力，而是依靠团队严丝合缝的精诚合作。

世界 500 强企业德国 SAP 公司创始人迪特马尔·霍普（Dietmar Hopp）和搭档哈索·普拉特纳（Hasso Plattner）[1] 于 1972 年创业。酷爱足球并收购过足球俱乐部的霍普曾说："我在实践中认识到，每个人的身上都镌刻着体育的印记。我们必须系统地工作，必须目标明确，必须学会团队合作。"

如果到德国的中小学和大学观察一下，你会发现"团队合作精神"简直流淌在德国人的血液里——小学生读一本书或做一个项目制的阅读活动时，老师一定会布置一个需要团队协作才能完成的事情，譬如撰写读书报告等；有时还会让四五年级的学生到一二年级的班级，担任"小老师"或"助教"。这样做的原因有二：一

---

[1] 德国波茨坦大学设计思维学院及美国斯坦福大学设计学院这两所全球设计思维研究殿堂的捐助者和冠名人。——编者注

是"教是最好的学";二是年龄相差不大的孩子在一起,有天然的亲切感与代入感,也可以锻炼高年级孩子的责任意识。

当我们说到"德国制造"时,一般是指工业行业,会想到科学的分工、流程与评价体系,人尽其能、物尽其用。每个人都在合适的岗位上发挥最大的效用,同时彰显鲜明的个性。实际上在工业之外,我觉得德国足球与德国教育,同样也是"德国制造"的代表。

我们都知道 IQ 代表智商,EQ 代表情商,FQ 代表财商。2015 年,在德国柏林,一个名叫"WeQ"的基金会成立。

顾名思义,WeQ 就是"我们商"或"合作商"。曾在德国波茨坦大学设计思维学院做访问学者的中国传媒大学设计思维创新中心主任税琳琳将之翻译为"众商"。我和她在柏林认识,她说:

> WeQ 是指一群人在合作中以团队形成凝结的商数。在互联网时代,IQ 的思维模式将被 WeQ 取代,众商将从根本上改变人类生活的各个领域,并使每一个人都能最大限度地发展自我,使团队赢得最有利的共同发展空间。

从"拯救书店计划"到让孩子策划家庭旅行方案,再到"黑山羊"

的寓言故事，其实都是关于众商的案例。从个人才能到团队智能，这是孩子面对未来的学习与生活必须重视或转变的思维。

当孩子的小伙伴"欠债不还"时

从某种程度上讲，孩子缺乏团队合作精神与我们的传统文化有关。我们的传统文化是不鼓励"露拙"的，所以在小组讨论中，经常会发生大家都沉默不语的现象。明明是"三人行必有我师"，却变成了"三人行三个哑巴"。

其中，一个人会想："老师和父母告诫过我，要想好了正确答案再说。"另一个人会想："我还没完全想好，说出来如果大家觉得不好多丢人啊。"最后一个人会想："这么简单的题目，我早想好了，可我就不说，我才不愿意和他们合作。"

那好，我们换个思路。上面这些案例都是在告诉人们"1+1>2"的，会让人觉得合作是"锦上添花"的事情。现在，假设你的一位小伙伴向你借了 50 元钱，并且他还钱有困难了，你该怎么办？这时你会发现，如果你不选择合作，你的利益就会受到损失。

部分家长的处理方式很简单，他们可能会告诉孩子："以后别借钱给这种同学了！吃一堑，长一智！"问题在于，请问"一智"

到底长在哪里？"自认倒霉"等同于无奈、认赔、放弃，这给孩子传递的并非积极的处世态度。

针对这种情况，想一想欧洲人可能会怎么做。借助众商的思维方式，我有 3 个建议。

一是重新厘定还钱事宜。譬如：之前是一次性还清 50 元，现在，可以商定每个星期还 10 元，分 5 次还完。这个过程要有"公证人"，同时要和小伙伴商定好，改为分期还款后，是增加利息，还是看在同学情面上只还本金？另外，要商定是否需要"抵押物"。

我的一位在荷兰的朋友说，荷兰有一家致力于启蒙孩子用积极的方式解决一些复杂问题的专业财商机构。其中一个训练就与"欠债不还"的案例有关。她说在老师的引导下，孩子们的表现超乎想象。

　　8 岁的孩子 A 提出，若同伴 B 无法偿还债务，就需要把一双足球鞋拿给自己穿。给孩子 A 当"公证人"的是孩子 A 的 10 岁姐姐，她立马提醒："不行！还款期限是 3 个月，你的脚长得那么快，之后还不了钱，就算别人把鞋给你，你也穿不了。这是无效抵押！"

　　在场的家长都笑了，惊叹于孩子居然连"无效抵押"这个词

都说得出来。

二是为小伙伴出谋划策，一起创造还钱的可能。这是什么意思呢？就是与欠钱的同学合作，帮他创造还钱的可能方式，变"锦上添花"为"雪中送炭"。

例如，可以帮助小伙伴找到一份"工作"——帮助学校门口报刊亭卖小人书的阿姨。让小伙伴每天下午放学后，在摊位前帮着向路过的同学介绍新书、解答疑问。如果阿姨支付报酬，那么这报酬就用来还你借的钱；如果阿姨觉得支付报酬不妥，用等值的小人书作为辛苦费，那么这小人书最后归你所有，你还可以到摊位挑自己喜欢的。

三是和孩子进行一次沟通交流，针对这一事件明确借贷关系的本质。首先要向孩子明确一个观念：借钱不是救助，而是帮助！借贷双方是合作关系而非对立关系，因为对立只能"双输"。这个观念必须从小开始树立，帮助孩子不把金钱和人情混在一起，债务关系的确立是立规矩、履行责权的谈判协商。

同时要和孩子讨论，以后再遇到这类事情，如何在早期进行判断，正可谓"授人以渔"。再有小伙伴借钱，在决定借不借之前，必须问清借钱的理由和还钱的可能性：对方是不是一个已经有债务甚至欠钱不还的人？对方借钱的真实用途是什么？对方的偿还能力怎么样？如果对方用零用钱还钱，那么对方父母对其零用钱管控的规则是什么？

上述案例即使没有发生在你的孩子身上，你也可以和他开展一次头脑风暴。一个核心思路是：前期做好调研，谨慎决策；中期心态平和，重谈条件；后期出谋划策，创造可能。无论最后的结果是什么，孩子都需要以这种思考方式明白契约精神以及双方的权责与后果，更重要的是，体会到合作的重要性与必要性。

其实，日常生活中发生频繁的现象，应该是孩子向父母借钱。很多时候父母会规定子女每个月零用钱的标准，但总是有特例。在这种情况下，我的建议有以下 3 个。

» 要规定特例出现的频次，并且孩子必须为特例提出书面申请。
» 作为父母，不能支付全部费用，最好有个"配比"。譬如这个月孩子申请买个玩具要 500 元，配比如果是 8∶2，那么孩子就需要自己出 100 元。他可以用压岁钱，也可以预支零用钱。那么，如果孩子每个月的零用钱是 200 元，他下个月就只能领到 100 元。
» 如果孩子不愿意提前透支零用钱来配比，那么你可以和他商量一个其他支付方式，譬如通过做家务或辅导弟弟妹妹功课来实现，抵用这种"时间货币"。

有的家长可能会说，这不会让孩子掉到"钱眼"里吧，这不会让孩子将家庭关系理解成雇佣关系吧？我认为父母所借用的方式只是一个载体，只要我们的内心是以爱为出发点的，行为是以建立孩子的契约精神和好习惯为重心的，就不必太过担心。

从生活小事开始提升"三重专注力"

"情商之父"丹尼尔·戈尔曼（Daniel Goleman）和管理大师彼得·圣吉（Peter Senge）曾经合作写过一本看起来非常薄但很经典的书——《三重专注力：如何提升互联网一代最稀缺的能力》。他们所说的"三重专注力"，是指关注自己、理解他人和理解更大的世界，类似于电影导演王家卫在《一代宗师》中所说的：见天地、见众生、见自己。孩子只有学习理解这三重境界，理解如何把这三者组合成系统，才能在面对冲突时考虑得更周全，在解决问题时看得更长远。

《三重专注力：如何提升互联网一代最稀缺的能力》中有一个小案例，是关于几个小孩之间的冲突的。"我们说了一些难听的话，这让对方很受伤，于是对方就说了更多难听的话，结果我们也受伤了，又说出更多更难听的话，最后就打起来了……"其中一个小男孩说。

最后他们和解了。关键在于，他们利用老师提供的一个工具，一起找到了化解冲突的办法。

老师让学生列出来导致冲突的两大变量，他们总结得出：一个是"难听的话"；另一个是"受伤害的感觉"。之后，他们用箭头连接两个变量，并形成一个圆圈，代表一个变量的增强，会导致另一个变量的增强，变量如此循环，互相影响（见图6-2）。

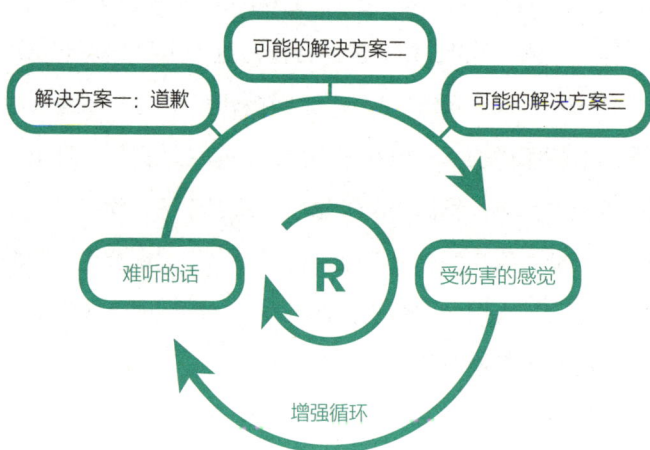

图 6-2　导致冲突的两大变量

接下来的流程非常简单：如何想到至少3种解决方案，尽快打破这个恶性循环，避免冲突进一步升级？

其中两个孩子很快异口同声地说："说'对不起'可能会有些效果。"另一个说："如果这个循环图里是'好听的话'或'感觉良好的话'，那么我们就可以把这个恶性循环变成良性循环。"

图 6-2 非常简单，但孩子们解决冲突的思维方式却让人感到吃惊——每个人都不仅关注到了自己，而且关注到了对方，也关注到了几个人形成的这个小社群、小社会，进而提出了有效的建议，从根本上化解了冲突。

同样，在多子女的家庭里，兄弟姐妹间可能经常会发生冲突，这种情况同样可以借鉴这种化解冲突的办法。他们真的能够把充满复杂情绪（诸如指责、气愤）的情境转化为合作的语境，互相探讨解决之道，并最终得到满意的结果。

这个案例和小伙伴欠债不还的案例有些相似，都是告诉孩子：即使出现糟糕的情况，也不只有一种解决问题的办法，前提是迈出积极沟通和合作的第一步。只有当我们从内在转变看待问题的视角，意识到每个人都是系统（问题）的一部分，才能真正产生改变系统的力量。

在大多数情况下，家里和学校发生类似现象时，家长或老师会以干预为主，会劝孩子们不要打架、不要吵闹，或在简单了解情况后，给出"判决结果"。但结果却是治标不治本，类似事情还有继续发生。真正优质的教育，是激发孩子由内而外地变化，转变他们看待问题的角度和思维方式。

成长是一段旅程，而不是一场竞赛。在提升孩子的领导力和团队合作精神方面，父母是第一启蒙导师。世界终会犒赏用心的父母。

7

心智习惯

没有最终的成功，也没有致命的失败，最可贵的是继续前进的勇气。

——温斯顿·丘吉尔

英国前首相、诺贝尔文学奖得主

自律的孩子是怎样炼成的

无论是当年著名的"棉花糖实验",还是这些年被热议的纪录片《人生七年》,都揭示了一点:自律的孩子未来能走得更远,能取得更大的成功。

在《中国学生发展核心素养》中,作为 6 大素养之一,"健康生活"包括自制力、抗挫力、自信自爱及时间管理等素养与习惯。在 MTC 能力体系中,8 大能力之一的"心智习惯"(Habits of Mind)也包括时间管理与压力管理、自我效能、恢复能力与毅力等。

孩子到底怎样才能养成这些心智习惯?这是家长和老师们感到非

常头疼的话题之一。常常是大家都做了很多努力，却似乎都无济于事。这是为什么呢？

在我看来主要有两个根本问题。第一，重"术"而轻"道"。以时间管理为例，如果太注重技巧和方法论，最后孩子的自信心可能会不升反降，因为小孩对时间的感知与大人不同。第二，重"管"而轻"理"。其中管是管制，理是梳理。但优质的教育是启迪人，而不是管制人。

我一直有一个观点：对大人来说，自律才能自由；对孩子来说，自由才自律。

我经常看到一些焦虑的父母或教育工作者，他们很容易上火，经常抱怨，觉得孩子没有希望了："（孩子）一点儿也不自律，干啥啥不行。"一了解情况才知道，孩子已经快被逼疯了。在巨大逆反心理的影响下，孩子认为和家长对着干才有快感——谁不想挣脱牢笼，谁又想在几近窒息的环境中成长？

2020 年，我的一位朋友分享了一封信给我。这封信是他儿子就读的美国南肯特高中的校长写给疫情期间在家上学的学生们的，信中有这么一段话。

　　真正的自律自立意味着达到你为自己设定的目标，而不仅仅是完成别人期望你做的事情；自律自立意味着你不需要他人认可或认同你的决定，因为你自己知道你忠于自己的内心，即使这可能意味着违背团队的意志。所以，自立并不是要找到流行的、普遍认同的可以成功的方法，而是要清楚自己正在做的事情。

没有帮助孩子找到自驱力的自律是他律，难以持久；没有给孩子留白的督促是胁迫，结果将会南辕北辙。到底如何养育自律的孩子呢？经过 10 年的实践，我总结出了一套"3D 逆向自律法则"。

> » 延迟（Delayed）：慢就是快。
> » 危险（Dangerous）：危险即安全。
> » 方向（Direction）：给方法不如指方向。

其中，"慢就是快"讲的是乐趣，"危险即安全"说的是边界，"给方法不如指方向"关乎自信。与其说"3D 逆向自律法则"是在帮助你培养孩子自律的习惯，不如说它是在打破培养习惯的误区，重构常识。

慢就是快

"快点啊，你怎么这么慢啊！""你怎么又开小差做别的事情去了！"

有人说，家长对于孩子不能自律的"控诉"，多得可以申报吉尼斯世界纪录了。

频繁的催促和责骂反而可能会让孩子习得性无助。非常多的家长弄反了因果。多数情况下，不是孩子太慢导致家长着急，相反，正是家长太急才导致孩子太慢。家长不能只关注快和慢的结果，更应该关注孩子的思维方式，以及孩子做事的感受与过程。

抛开家长和孩子的情绪这一主观变量，我们来看上述情景中的两个客观主体，即时间与事情本身。对于家长而言，时间是立体的，之所以希望孩子抓紧时间，是因为家长的大脑里有很多张地图。小地图是时间地图，其中孩子需要协调做作业、上兴趣班、运动与睡觉等模块化的时间；大地图则是心理地图，负责"指向"：孩子若在自律等方面都很优秀，那么其未来人生更容易成功。

但是对于孩子，特别是 10 岁以下的孩子而言，他们更关注当下，甚至只关注当下，他们比家长更容易进入"心流"[1]状态。他们不会"悔恨过去"，也不会"憧憬未来"。"慢"不等于没有时间观念，而是因为孩子的时间观念与家长的时间观念有所不同，而且每个孩子的性格也不一样。因此，在觉得孩子"慢"这件事情上，家

---

[1] 在心理学中，心流是指人们极度沉浸和在专注进行某行为时所表现的心理状态。

长要做的第一件事情是接纳，适度允许孩子"拖拉"。

再说事情本身。心理学家和脑科学家们认为，无论家长还是孩子，在面对一件事情的时候，他们经意与不经意间都在用二分法给事情贴标签——它是工作（学习）属性还是娱乐（游戏）属性？或者分析哪种属性所占的比例更大？如果是娱乐，那么人们毫无压力，也会更积极。

你会说这是人的天性，而我想说的是，你可以试着想一些办法，让工作和学习散发出浓郁的娱乐与游戏的气息。这样，一旦孩子沉浸于当下的"游戏"，想低效都难。

如何让孩子的学习更富游戏化特征？本书第 3 章我们谈论过游戏化学习的话题。以"做作业如何游戏化"为例，其内核当然是将作业本身视为一个"游戏"。放眼全球顶级的中小学，他们在教学方法上的共同特征之一就是课后作业犹如寻宝游戏，是探索式的，旨在激发孩子挑战困难的欲望和解决问题的能力。

即使是完成学校老师布置的常规课后作业，家长也可以试着创建游戏化的氛围。首先，家长可以引导孩子："我们全家分别选择一项有挑战的事情，来开展一场友谊赛吧。"可以选择以 10 天为一个周期，每位家庭成员投入相同的时间完成不同的任务，譬如家长选择每天跑步 5 千米，而孩子选择 1 小时内完成课后作业。

在此期间，可以用"家庭看板"呈现每位成员每天的任务完成情况以及战果。如果家长以前跑 5 千米用时 1 小时，3 天后变成了用时 50 分钟，同样孩子之前做完作业并保持高正确率需要 1 小时，但两天后只需 45 分钟。这两种情况下，双方都应获得"小红花"（代指激励措施）。这其实是一种刻意练习，它建立了一种游戏化的场景与仪式感，也是父母在给孩子做示范、立榜样。

其次，对于孩子看不太懂或常错的作业，家长同样可以站在"游戏化"的角度寻找突破口。例如，你可以上网搜索解答这一题目的经典趣味视频，如果是应用题，甚至可以通过在家里和孩子把题目"演"出来，共同构建可视化的解题场景（我家就是这样做的，特别是疫情期间）；也可以选择周末带孩子到一些实地场景中进行观测学习（譬如建筑中的数学原理等），以此加深印象，打开孩子的解题思路……

除了做作业，家长纠结的孩子不够自律的其他情形，也几乎都可以通过游戏化改造的方式改良。游戏是孩子进行的第一项真正关于成长的"工作"。

要特别注意的是，无论处于哪种情形，如果孩子不希望你在旁边，你一定要"躲"得远远的。能当隐形的导师，就不做现场的助理。有一位教育家说过这么一句话："只要有大人在旁边指挥，那就不是游戏。"

这个过程考验的是家长的耐心，家长要接纳不完美，要允许孩子犯错误。家长要不急不躁，不吼不吵，根据特定的场景以及孩子的个性，设计可以帮助孩子养成自律习惯的机制。当然，也可以与孩子一起做这件事——譬如不妨把"如何让做作业更轻松甚至更快乐"当成一个主题，来做一场家庭的设计思维工作坊（流程参照第 5 章）。这个过程可能会比较慢，但是慢就是快，因为既治标又治本。

危险即安全

在培养孩子自律心智习惯的过程中，一定要多用正向语言。家长在给建议时，要明确地告诉孩子"要做什么"，而不是"不要做什么"。比如：不要跷二郎腿、不准吃糖果、不要打断别人说话、不要在晚上九点后玩 iPad 等。

但是回想一下，作为父母及教育工作者，我们是不是在太多的时候都在用反向语言呢？如果整理一份"所有说'不'的事情"清单，大家可能会大吃一惊。英国《每日邮报》有一位名叫露西·卡文迪什（Lucy Cavendish）的专栏作者，她是一位母亲，也面临同样的窘境。

有一天，她决定做一件"危险"的事：一周里，4 个孩子想干什么就干什么，不必再听大人的管教——特别是要求他们自律的聒噪声。不但如此，大人还要尽量满足并配合孩子们的请求。她想看看最终会发生什么。

艰难的一周就这么开始了。第一天和第二天，面目全非的厨房让她差点发狂，但她忍住了：地毯上散布着面包碎屑，她努力冷眼旁观；二儿子问了两遍"真的能把巧克力饼干带到学校去吗"，口气中带有不可思议。

第三天，早上 7:00，二儿子要求妈妈给他读绘本，妈妈必须配合，并且持续了半小时；第四天，孩子们因为看到妈妈练瑜伽，所以提出一个要求。让妈妈倒立半小时，而且这时是晚上 10:30——平时他们是 9:30 睡觉的，但现在不一样了，毕竟自己做主了。不仅如此，他们还要妈妈喝水后再倒立，因为这样"很好玩"。

"这确实会让倒立的我觉得反胃，但孩子们快乐的样子让人不忍心使他们失望。这么'残酷'的游戏必须尽快禁止，但我确实意识到了，什么能让他们觉得快乐，那就是老爸老妈偶尔的装疯卖傻。"这简直与我们家的情况如出一辙。

第五天，他们才真正意识到父母真的允许他们做他们想做的任何事，于是，"地狱"之门打开了。"如果我们愿意，我们能熬夜吗？""我们能去酒吧吃晚餐吗？""我们能再养一只小狗吗？"无休止的要求接踵而来。

除了可能危及他们安全的要求，剩下的要求露西都同意了，包括熬夜。但露西会提醒孩子们，第二天早上如果迟到了是他们自己的责任，而且就算到了学校，他们也会非常非常困。尽管如此，孩子们还是提出来要通宵看电影。结果，一个孩子到晚上 11:30 倒在沙发上睡着了，另一个撑得久一点，因为他强迫自己保持清醒直到午夜。

第六天，出现了神奇的现象——自治。一开始是早上闹钟响后，孩子们依然困倦不醒，站都站不稳。"我觉得不舒服。"二儿子半睁开眼睛，迷迷糊糊地说。

"我警告过你，"露西说道，"你得到你想要的，但是你必须知道其后果。"

为了赶走瞌睡虫，孩子们竟然决定玩电子游戏！但是他们为了控制器而争吵，最后三儿子打败了妹妹并获得了控制器。妹妹决定反击时，大儿子夺过控制器向弟弟妹妹们宣布：不准再玩游戏了。

第七天晚上 10:00，孩子们围坐成一个圆圈，在一起玩拼图。露西宣布，全家的一周实验到此结束。"是吗？这么快，我们今天可以再熬夜吗？"小儿子问。"不行！"露西说道。这是 7 天后她第一次说"不"。于是，他们收起了拼图，马上起身去洗漱准备睡觉。神奇的是，在这之后，露西说"不"的频率变得非常低，而孩子们却渐渐自律起来，不必警告甚至无须提醒。

这位妈妈复盘这个实验时感慨道："当我对孩子们的每个要求不再都说'不'，他们玩得更开心，笑容也更多了。我也终于明白，我在他们的生活中定了太多的规矩，这反而让他们更难自律和自立，也会让他们相互间不够关心对方，小心思都用来找规矩的漏洞。"

除了这位英国妈妈，我认识的一位很有魄力的年轻爸爸，也做过类似的实验——让两个儿子自主决定每晚的睡觉时间，结果同样是在 3 天后，孩子们自己主动抢着洗澡、睡觉。这位爸爸在总结中写道："反思过去的种种，我才发现孩子们尚未有足够的能力控制自己的作息，但我们却强制要求他们遵循一个固定的作息表，这种要求何尝不是愚昧无知的呢？"

给方法不如指方向

"危险即安全"的理念，可能会让一些家长朋友觉得不舒服——难道说我放任不管，孩子就能自律？

当然不是。在上述两起实验里，两位家长并没有对孩子放任不管，而是换了一种方式提供支持。在我看来，当我们给孩子多一些自由和空间、少一些要求与苛责时，孩子们有能力做出明智的决定，变得自律，并为自己的行为负责。

图 7–1 的四象限坐标系里列出了 4 种类型的父母：智慧型（又称权威型）、专制型、放任型和忽视型，你是哪一种呢？

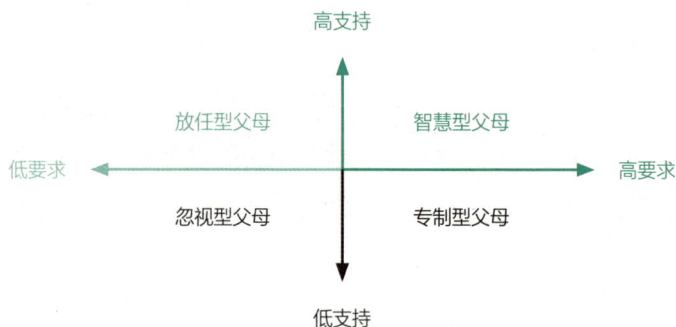

图 7-1　4 种类型的父母

"忽视型父母"对孩子"低要求、低支持"，而"放任型父母"即使对孩子低要求，也是高支持的。

今天的社会压力非常大，竞争也很激烈，父母对孩子的期望普遍比较高。人人都希望自己成为智慧型父母，但因为教育方式不完善，很多时候不经意间就变成了孩子眼中的"专制型父母"。

之所以加上"孩子眼中"，是因为人是情绪动物。父母所谓的支持，孩子未必认可。著有《坚毅》的美国心理学家安杰拉·达克沃思（Angela Duckworth）说过这样一句话："比家长想要传递的信息更为重要的是，孩子到底接收到了什么信息。"

我有次受邀参加电视台的节目录制，当时和我同台的主嘉宾有一对父子。他们非常"有名"，父亲对儿子极为严苛，严格规划好了儿子每年、每月、每周及每天的行程，包括寒暑假要参加的各种特训营、一日三餐及睡觉的时长。

那位父亲的观点是，至少在孩子 16 岁之前，父母要为孩子做主，帮他设定长远的人生和婚姻目标。

我当时听了非常震惊。我多么希望这是电视台为了节日效果让他进行的"表演"。可是我错了，他义正词严、表里如一，是一个真正崇尚自己所创制的教育理念并要将之进行到底的父亲。

这位父亲为了让儿子成才，高要求、高支持，他本想成为智慧型父亲，却因为用力过猛，变成了专制型父亲。

什么是真正的"高支持"？或者说，高支持的"门槛"是什么？答案是一句话——给方法不如指方向。聪明的父母会以退为进（无论主动还是被动）。只有真正激发孩子找到自己热切想追求的事物，并持续增强其自信，父母才有可能成为高支持的智慧型父母。

市场上充斥着各种自我管理方法，如"番茄钟时间管理法"等，琳琅满目，但家长如果只是让孩子盲目地照猫画虎，把课外时间塞得满满的，看起来非常充实，但却是无效的。试问：孩子真正热爱的东西是什么？孩子如此"自律"，是变得更自信了还是更迷茫了？

我在第 2 章分享过大儿子创作"疯狂兔"系列的故事，其实，能写 10000 字还是 1000 字甚至只是 100 字根本不重要，重要的是，他自称找到了真正热爱的事物和努力的方向。在这种情形下，就写作这件事而言，他自然非常容易地做到了自律。而市场上任何的写作方法或所谓让孩子能自律写作的"秘诀"，对他来说都已不再重要。

在此，我还想分享另一个小诀窍。你还可以利用孩子热爱的事物帮助孩子构建并完善其他方面相对弱的心智习惯。譬如，我家老大欠缺同理心，有一天在医院，弟弟因生病难受得哇哇大哭，他还现场模仿。后来，他受到了惩罚——写一篇文章。他写的标题是《不要把自己的开心建立在他人的痛苦之上》。后来，我把这个反思小文上传到了朋友圈，收获了不少称赞。我将朋友圈的反馈拿给他看（遵从我秉承的另一原则："公开表扬、私下批评"），这使他在获得成就感的同时，也再一次被提醒，以后要多换位思考而不是幸灾乐祸。如此就形成了一个良性循环。

自驱力与自信心是孩子学业成绩与创新能力的引擎，也是养成自律习惯的内核。在心理学中，与自信最接近的是"自我效能"，它是指人们相信自己可以做到某件事、可以解决某个难题的信念。智商水平相同的两个孩子，所处的外在环境是否激赏自信、内心世界是否积极向上，是影响他们未来人生能走多远与幸福指数高低的关键因素，因为他们意识并体会到：自己的未来、自己的人生，自己可以掌控，也被允许去掌控。

抗挫力让孩子走得更远

抗挫力像弹簧一样，是指一个人在遇到挫折和失败后的反弹和复原能力以及持之以恒的毅力。我们常说，教育的目的是培养"完整的人"，而抗挫力是健全人格版图中不可或缺的部分。

培养孩子的抗挫力，包括三个层次或三重境界，分别是：允许孩子犯错，帮助孩子复原并复盘，培养孩子的自我调节能力。

允许孩子犯错

很多孩子从小被保护得太好，没有犯错或失败的机会，长大后遇到困难时便一蹶不振。

著有畅销书《"不管教"是更好的管教》（*The Gift of Failure*）的美国教师杰西卡·莱西（Jessica Lahey）说过这么一句话："从错误中得到的教益对孩子来说是一份礼物，千万不要推卸责任。"她回顾自己教过的众多学生，"一年又一年，我'最好的'学生，也就是最快乐、最成功的学生，都是这样的：父母允许他们失败，让他们为失误负责，并在他们面对错误时，鼓励他们尽力而为。"

真正的竞赛不是为了战胜对手，而是为了追求自我卓越。我们的孩子在很多时候情绪低下，受挫感重，是因为在竞争或比赛中落败了。这时，他们要做的第一件事，是接纳自己的负面情绪。父母或教育工作者可以发挥自己的同理心优势，引导孩子明白"赢本来就只是可能性之一"。

考试失利，比赛失败，生活遭遇挫折，从来都是生活中不可避免的一部分。但是，有的父母总是给孩子灌输"得了100分"或"考了第一名"的骄傲与风光，更有一些父母会刻意贬损落后者或"失败者"，称那有多么不堪、多么丢人。这种短视且狭隘的教养观贻害无穷，有一天可能会让孩子"崩溃"。

第二件事，我们同样可以使用逆向思维——主动让孩子"失败"或"受挫"。一定要注意，这并不是指故意设置障碍让孩子落败，或者所谓的刻意让孩子"吃苦"，而是指让孩子做一些有挑战性的、困难的事情。让他像玩游戏一样，明白过程曲折甚至不断遭遇失败是必然的。这样做，就不会给孩子太大的心理压力，反倒有可能激起孩子的兴趣、好奇心以及迎难而上的动力。

美籍华人蒋甲登上 TED 舞台，做了题为"我被拒绝的 100 天，人生不要害怕被拒绝"的演讲。他讲到，他 6 岁时有过一次众目睽睽下被拒绝的经历，这给他留下了巨大的心理阴影，以至于 30 年来他一直害怕被拒绝，性格变得内向，做事缺乏自信，创业也惨淡收场。直到有一天，他决定主动出击，战胜这一"心魔"。

他做了一场名为 "百次拒绝大挑战"的马拉松实验，在 100 天内强迫自己每天向陌生人提一个无理到"百分之百会被拒绝"的要求。

第一天，他鼓起勇气向一名保安索要 100 美元，他马上就被拒绝了。他觉得好尴尬，于是迅速逃离现场。

第二天，他小心翼翼地问肯德基服务员汉堡能否"续杯"？服务员诧异地看着他说"不"。不过这次被拒绝后他没有马上走开，而是认真地说了句"我真的很喜欢你们店里的汉堡"。

第三天，转机来了。他走进一家甜甜圈店，问店员："嗨，我想定制一个奥林匹克甜甜圈。"没想到的是，店员说："好的。"然后，店员开始认真地做起来。十几分钟后，"奥林匹克甜甜圈"被端了出来。

第四天，他拎着一株花去敲了陌生人的家门："我可以在你家后院种下这一株花吗？"对方脸上露出一副难以置信的表情，说道："什么情况？不行！"这时，他追问了一句："为什么你不喜欢花呢？"没想到陌生男子认真地回答道："因为我们家的狗会把花咬坏的，花在我家是不可能存活的。"正当他要离开时，陌生男子告诉他："对了，我对面的康妮家特别喜欢种花，你说明来由，她一定很欢迎你，你去她那试试吧。"……

在开始100天的马拉松实验之前，蒋甲以为绝大多数情况都会被拒绝，没想到成功的概率却越来越大。"求拒绝"变成了使他越来越乐观、越来越积极、承受力越来越强的动力与法宝。他后来顺利进入了谷歌公司。

说到"失败"二字，芬兰人还创造了一个"国际失败日"。在每年10月13日这一天，芬兰人都会鼓励全世界人民"自曝其短"，分享自己犯错的经历、失败的经验，释放内心的压力，从而摆脱对失败的恐惧。

这一节日最早由芬兰百年名校阿尔托大学（Aalto University）的创业社团创立。为了鼓励更多的人参与"国际失败日"，创建者还特意在学校官网上列了一份非常详细的"失败指南"，教人们如何"失败"。

我翻译并提炼了其中几条：

> » 用自己的方式尽情失败一次。
>
> » 把你难以释怀的失败发布在 Twitter 上。
>
> » 人们都说，钱不是万能的，趁这一天好好破费一次吧。
>
> » 把你喜欢的男同学或女同学约出来。
>
> » 在 YouTube 上搜索"失败"。
>
> » 在 Facebook 上分享你今天遇到的一件糗事，越尴尬越好。
>
> » 说说你从失败和这些尴尬中学习到了什么？

"晒失败"就这样在芬兰变成了全民流行的行为。同时，在"国际失败日"期间，阿尔托大学也联合其他院校邀请知名企业家、企业领导者分享奋斗史——特别是那些失败的经历。比如《愤怒的小鸟》出品公司罗维奥公司（Rovio）创始人就分享过自己在研发出这款现象级产品之前，共研发过 52 款失败的游戏，公司差点儿因此破产；再譬如诺基亚，诺基亚并不讳言自己的失败，当然也不认为自己再无翻盘的机会。

芬兰的教育界同人对我说，这个节日最大的价值是，告诉全社会特别是芬兰的父母们，童年本来就是一个训练场，失败是创新的一部分，也是生活的调味品；同时也提醒芬兰的教育工作者们，优秀的学校从不会教育孩子避免失败，相反，他们会告诉孩子们，与成功对立的不是失败，而是平庸。

这件事对我触动很大。从 2018 年开始，每年"国际失败日"这一天，我也会在中国发起这样的倡议和活动，少年商学院的同学们纷纷积极参与。

中国有句古话："失败乃成功之母。"其实，我们对失败的接纳度似乎并没有想象中的那么高。

据中国城市独生子女人格发展课题组调查研究：32.5% 的孩子害怕困难，34.2% 的孩子胆小且不够坚定，20.4% 的孩子生活自理能力差，19.5% 的孩子认为自己经不起挫折。

这么多孩子害怕困难，恰恰是因为他们不知道该如何面对和战胜挫折。为什么经不起挫折呢？其实，这和父母在家庭教育中重成功而轻挫折的教育理念有关。

帮助孩子复原并复盘

在美国，至少有 3 所大学针对抗挫能力在做专门的研究。第一所大学是宾夕法尼亚大学（简称"宾大"）。宾大心理学教授安杰拉·达克沃思曾登上 TED 舞台，还撰写了畅销书《坚毅》，她通过大量的案例证明坚毅是成功必备的品质。很有意思的是，她的学生之一、在宾大学习心理学后回国在北京四中开设幸福课的李康告诉我，安杰拉在研究坚毅之前研究的领域是自律。

第二所大学是斯坦福大学。曾任新生教务长的朱莉·利思科特 – 海姆斯（Julie Lythcott-Haims）把自己近 20 年的观察与经历写成了畅销书《如何让孩子成年又成人》。

第三所大学是哥伦比亚大学（以下简称"哥大"）。2018 年 4 月，哥大"抗挫力与创新教育研究中心"（EPIC）成立，哥大终身教授林晓东担任创办主任。揭牌仪式上，时任美国交通部长的华裔官员赵小兰和她的父亲赵锡正，以及多位诺贝尔奖得主出席。我非常荣幸受到林晓东教授的邀请，到现场观摩并参与讨论。

这 3 所名校在关于学生抗挫力的研究中有两个共同发现：一是，相比 20 年前、10 年前，今天无论来自全世界哪个国家或地区的大学生，他们的抗挫力都变得越来越低；二是，在抗挫力相对没那么高的学生中，亚洲学生的抗挫力更弱一些。

到底应当如何培养孩子的抗挫力与恒毅力？除了上述提及的"允许孩子犯错"，综合学者们的研究以及少年商学院的一些案例与经验，我在此分享以下 3 点。

○ 全家参与"难事挑战实验"

安杰拉在《坚毅》一书中提到一个方法——"难事原则",它是指一家人一起向困难发出挑战。我们在家中试用后受益匪浅。归纳起来,其原则有三。

> 全家每个人都需要选择一件事来挑战,最好在同一时间段。
> 这件事由每个人自己选择。
> 一旦选择,中途不能放弃。

以我们家为例,一家五口,每个人都写了一件 2021 年上半年要挑战的事并贴在墙上。太太写的是每周练三次普拉提;我写的是每天早上写作 2 小时,上半年完成书稿;大儿子说要完成高尔夫 100 杆的挑战……

这种小小的家庭仪式感,制造出一家人迎难而上的氛围,最终能让每位家庭成员都受益匪浅。

○ "肩并肩"给予具体而真实的反馈

我有个观点叫"背靠背不如面对面,面对面不如肩并肩"。"背靠背"是指父母和孩子缺乏沟通,甚至缺少见面;"面对面"是指亲子沟通整体顺畅;"肩并肩"是指父母和孩子应该成为共进退并且交心的"战友"。

我们和孩子有一项共同爱好，就是"肩并肩"。譬如我和大儿子一起下场参加高尔夫比赛，这种感觉真的很特别。孩子遇到困难或挑战时，你在旁边一个鼓励的眼神或一句话，都能起到事半功倍的效果，因为你是他的战友。此外，哪怕孩子在学业上遇到了困难，你也有两种应对方式：一种是面对面，你支持他迎难而上；另一种是陪孩子下楼走一走，或者到外面"肩并肩"地跑一圈。

同样要注意的是，在这个过程中，对于还在小学或初中低年级的孩子，在给予他们建议时，一定要给具体而真实的反馈。以鼓励和夸赞为例，不要笼统地夸其努力，而是从他们在面对困难时表现出的一些积极行为入手，给他们信心。比如参加比赛，你可以说，"你已经花了很多时间做了非常全面的准备""最近你特别注意调整自己的状态，看上去效果很好"……

○ 厘清长期目标，该放弃时就放弃

我们一直说"迎难而上"，但有一些"难"根本不值得"迎"（见图7-2）。

譬如孩子上补习班。如果学习兴趣没有被激发，越补习，效果可能越差。单纯让孩子周末连轴转补东补西，以为是迎难而上，其实是南辕北辙，最终只能说是父母的一种单纯的自我满足与自我安慰。

想要获得目标感 & 幸福感，首先要学会说"不"

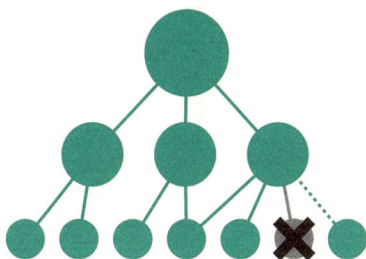

图 7-2　目标感与幸福感路径图

每个人都有自己的人生使命，也都会有各种短期目标与长期目标，以及属于自己的生活节奏。短期目标可能是孩子要考多少分，长期目标可能是未来要过怎样的人生，或者说中长期一点，可能是决定在国内升学还是出国留学。如果仅仅停留在短期目标，让孩子每天因非常多的琐碎的小目标而被"赶鸭子上架"。一旦孩子畏难，家长就觉得孩子抗挫力差，轻则斥责，重则反复折腾，由此陷入恶性循环。

家长如果能定期或不定期地和孩子探寻长远的目标，就会对一些事情更释然——如果方向错了，停下来就是前进；如果方法错了，那就换一种方式，而不是死守。

很多时候家长感到焦虑，都是在为短期的目标而烦恼、焦虑，如果家长将目标设为两年、五年甚至更久，可能会有不一样的理解方式，孩子和自己都会更加从容。

《坚毅》中有两个等式：

$$天赋 \times 努力 = 技能$$
$$技能 \times 努力 = 成就$$

我认为，中国孩子的成就等式应该是：

$$（激情 + 亲子沟通 + 目标感）\times 努力 = 成就$$

正如网上一句流行语所说：我们绝大多数人努力的程度，远不足以拼天赋。很多孩子几乎从不缺乏努力，各方面表现也相当优秀，甚至也不缺乏"天赋"，他们缺乏的是真正的热爱、清晰的目标以及良好的亲子关系。

培养孩子的自我调节能力

抗挫力的第三个层次或第三重境界，是培养孩子的自我调节能力。我想讲一个真实的故事，一个悲伤的故事。主人公是少年商学院的小孟同学。

小孟同学非常优秀，家住天津，家庭条件还算不错。早在 2014 年，他就成为少年商学院的学员。除了参加少年商学院线上学校的许多直播课，他还在寒暑假参与了不少国际游学项目。他的父亲也非常认可少年商学院，记得有一年我们在北京做一场教育沙龙，孟爸爸在活动开始前 3 小时就带着小孟同学来到现场一起帮忙布置会场。孟爸爸说："我是少年商学院学生家长嘛，理应贡献自己的一点力量。"

然而，天有不测风云，孟妈妈得了白血病。突如其来的变故让家里的经济变得困难，雪上加霜的是，孟爸爸的公司也破产了，还欠了一堆债。好在一家人的感情非常好，他们到处求医。"无论如何，能延长妈妈的生命总是好的。"

有一阵子，孟爸爸带着孟妈妈去日本治疗了长达一年的时间。当时孩子刚上初中，只好一个人在家，小孟同学就对爸爸说："我会照顾好自己，自己去上学，自己做饭，你们放心好了。"

但是有一天，当孟妈妈从日本的医院转到西安的医院时，爸爸回天津看了一眼儿子，回家才发现，儿子已经辍学好几个月了，根本就没有好好上学。孟爸爸很生气，一下子就火了："你怎么回事？一点都不争气！"

说完之后，孟爸爸就后悔了。他发现孩子书架上全是与医学相关的书，而且天天跑图书馆上网查资料。

后来，孟爸爸给我转述了当时小孟同学对他说的原话。

> 跟着少年商学院学了三四年，在学习批判性思维时，我发现有一些众所周知的结论不一定是对的。我觉得也许白血病没有那么可怕，也许病人剩下的时光没有那么短，我要检索资料。
>
> 我去检索资料时发现，资料很庞杂，所以我用上了思维导图学习法，把这些知识分门别类，就能更清晰地检索到自己想要的信息。
>
> 爸爸，虽然我这两个月很难受，我也知道你们回来之后我肯定会受到很严厉的批评，但是我觉得这是我应该做的，也是我需要面对的。

我当时听到孟爸爸说这些，忍不住哭了。后来在少年商学院七周年庆上，我把这个故事讲给了所有同事听，当时也没有控制住自己的情绪。

很不幸，孟妈妈在 2020 年上半年去世了。此前，一些同事和我曾做过微薄的资助。孟妈妈去世后，我再一次想转一点钱给孟爸爸，希望小孟同学一定把学业继续下去，但被孟爸爸婉拒了。他说虽然家境贫寒，但是妈妈走了，家里的压力其实减轻了不少，"另外小孟专门嘱咐过我，老师、同学的每一分钱都不能再收，请谅解！"

此时此刻，我把这个故事写进本书，依然落泪了，伴随着难过、感动、欣慰。难过自然是因为小孟年少丧母；感动是因为看到小孟同学的成长；欣慰则是因为看到了我们今天所说的孩子知识、能力、品格等的成长。在真正遇到重大挫折或重大变故时，看看小孟同学这些我们曾经教过的孩子，看他们怎么思考，怎么做人做事，抗挫力有多强，我们心里多少会感到一些欣慰。当然，我希望这种悲伤的事情少一点，再少一点。

不是每个孩子都具有小孟同学这样的抗挫力。真正的抗挫力的养成，绝不仅仅是靠几句鼓励的话或一套方法论就能做到的，它考验的是一个人的知识储备、基本生活技能、解决问题的能力以及担当精神。

我们在上节讲到，父母可以通过制造乐趣、放宽边界与确立方向，帮助孩子养成自律的心智习惯。如果说自律的内核是自信，那么抗挫力的内核则是提升自尊。具体来说，一方面，允许孩子失败和犯错，或者像"百次拒绝大挑战"一样，在这些日常生活中，用这些不是挫折的"挫折"，把我们认为是自尊心其实是畏惧感的东西扔到地上，让孩子告别玻璃心，从而提升真正的自尊心。事实上，太多人把鸡毛蒜皮的困难当挫折，还远没到需要谈论抗挫力的地步。

另一方面，当孩子遇到真正的成长挫折或人生难题时，不管父母提供哪种支持，都一定要围绕提升其自尊心展开，让孩子懂得如何关爱自己，懂得自己是有价值的，自己是可以做出改变的。

著有《尊严》一书、专门研究青少年自尊的心理学家唐娜·希克斯（Donna Hicks）博士说："我们都有一种深切的人类本质的渴望，那就是渴望被看见、被听见，在世界上被认可、被理解。"

对孩子来说更是如此。有人说自尊的本质是同理心。平常我们提及同理心，是指换位思考，实际上，我们对于自己同样需要有同理心，特别是对于低谷时的自己。同理心让我们坚定信念，继续勇敢向前。

善良与诚实

善良情感这一人世间最美好、最珍贵的东西，应当在童年时期扎下根来，否则永远也培养不起来。

——苏霍姆林斯基

著名教育家

在复杂的世界里保持善良

每个人穷其一生，无非在做两件事情：一是努力找到自己真正的兴趣爱好和自我价值实现之路；二是找到有关正直、善良、责任感这些品格最正确的代际传承之路。

第一件事我们前面章节一直在讨论。在这里，我想说说第二件事。假如发生以下两种情况中的一种——人类互相伤害，社会复杂且撕裂；人工智能超越人类，并变得邪恶。那么，你会如何教孩子认识、理解和面对这个世界？

我的答案是：告诉孩子，在复杂的世界里，请永远保持善良和诚实。

当然有一个前提，是我们教会了孩子思辨。

"善良教育"的 3 大特征

世界越险恶，越要和孩子公开讨论善恶，越要教孩子善良。因为逃避解决不了任何问题。

善良不等于当忍声吞气的老好人，善良也不是做任人捏的软柿子。善良是一种选择，一种价值，一种由内到外的气场。

真正的善良教育有 3 个特征：告别慌张，懂得边界；带点锋芒，不委屈自己；勇于担当，创造力向善。

○ 告别慌张，懂得边界

今天的孩子需要知道世界上每天都有让人喜怒哀乐的事情发生。通信发达的今天，我们也不可能让孩子与这些新闻绝缘。与其让孩子自己在真相中迷失甚至对社会心生畏惧，不如家长主动出击，和孩子聊一聊新闻，让孩子直面真相而不是胡思乱想。

那么，该如何把握分寸和边界，才能避免社会新闻的模仿效应，既提醒孩子保护自己，又免让孩子心生恐惧呢？格瑞思心理谘商所所长、教养专家莫兹婷在接受《亲子天下》采访时，曾建议：

> 首先，家长不惊慌，孩子才不怕。不要揣测孩子之前听到了什么，只需做好心理准备，从容地关心孩子对事件的了解，并且用"你知道有位姐姐为了保护自己的好朋友被坏人伤害了吗？"此类句式破题。

> 其次，只讨论事实，不加正向修饰，也不传达偏见。不必刻意引导孩子的"正能量"，坏人就是坏人；同时也不必用"社会上藏着很多杀人魔"这类笼统的标签化表达主观看法，这会让年幼的孩子对世界产生错误的判断、对社会感到不安，以及对他人产生不信任感。更好的做法是只向孩子传递客观事实。

唯有主动出击，我们才能引导孩子看见阴霾后的阳光，守住孩子心中善良的种子。如果觉得和孩子交流这类话题较有难度，那么至少可以主动告诉孩子一句话："不作恶，也是对社会的贡献。"请永远不要变成自己痛恨和厌恶的那个人，这是底线。

○ 带点锋芒，不委屈自己

以往我们评价一个人善良，往往会说他懂得"隐忍"，但在今天，我认为，善良的前提是不冒犯别人，同时也不委屈自己。

美国思想家爱默生说过："你的善良，要带点锋芒；否则就等于零。"锋芒不是针锋相对，不是咄咄逼人，它是一种富有穿透力的表达，是一种让善良富有感染力的工具。

所谓"委屈自己"，是指自己明明对某件事情或某种做法有意见，却不愿、不敢提出，于是随大流，生闷气，甚至因此受到伤害。我们需要提醒孩子：所有的善良，都一定是让自己舒心的，如若不是，那就是伪善，宁可不要。

英文中的"Assertiveness"一词可翻译为主张力或果敢力。所谓果敢，意味着一个人有自己的价值观，勇于表达自己的观点和期待，意味着他在积极处理冲突，并试着增加选择的余地。

果敢力是让孩子有锋芒地保持善良的一个法宝。在日常生活中，培养孩子的果敢力，可以从"四步沟通法"开始。

> 第一步：说出你此时此刻的感受。比如："你这样做，让我感到困扰甚至痛苦……"

> 第二步：说出你有这种感受的原因。比如："你这样做，给我带来了这些影响与伤害……"

第三步：说出你的主张、你的诉求。首先，直接告诉对方，以后不要再这么做了；同时也听听对方怎么说。如果对方的态度还算诚恳积极，可以和他一起商讨解决方案。

如果前三步没走完，譬如走到第一步或第二步时，依然被对方无理呵斥，或者在第三步时对方的情绪仍是消极、悲观的，那么请马上进入第四步：走为上策，自己的安全应放在第一位。

遵照果敢力的原则，当孩子被欺负，父母应当引导他至少做一个"简化版的四步沟通法"：一是表达抗议；二是直视对方，让对方知道自己是认真的；三是大声说出自己的主张；四是走为上策。

在复杂的世界里，教会孩子在尊重和保护自己的同时尊重并关心他人，是我们为人父母或作为教育工作者的基本义务与职责。

○ 勇于担当，创造力向善

马化腾提出"科技向善"。我一直对同事们以及一些合作学校的校长们讲创造力向善。孩子的创造力超乎大人们的想象，但比创造力更值得嘉许的，是向善的创造力。

创造力向善有两层的含义：一是，争做人工智能时代的建设者，而不是消耗者；二是，争做行动派，而不是旁观者。

在第 6 章，我们讲到过"如何让欠债不还的小伙伴顺利还钱"这一案例，其实就是在面临一个复杂事件，并且这个事件十有八九被大人早早贴上"人心难测，不要轻易相信你的同学"等坏人坏事标签时，孩子应如何保持最大的善意并争做行动派的故事。它同样符合上述"果敢力四步沟通法"。

再举一个正向的案例。不少学校过去或现在存在这样的情形：因为食堂的空间不够大，所以每天吃午餐时，食堂的阿姨都要把餐车从食堂推到每个楼层的班级门口或用餐专区。这个过程其实很辛苦。学生们也大都能体谅她们的辛苦，每年三八节的时候，还会专门向她们表达敬意。

但是北京史家小学有几位四年级的同学想通过自己的努力改变现状。他们在参加少年商学院"BizWorld 商业世界"创业课程的过程中，决定将自己小组的创业计划方向确定为"智能送饭机器人"。他们采访了不少人，以此明确自己对问题的认识是否存在偏差。同时，他们还亲身体验，不仅尝试着把餐车送到远近不同的几个班级，还带来测量工具，趴在地上测量坡道的角度和长度……

功夫不负有心人。他们发现了自己一开始没有考虑到的一系列问题：机器人的数量如何分配？不同坡道的角度和长度对机器人有何影响？应该采用什么样的轮子或底盘，才能与餐车更好地结合？……

最后他们与中国科学院合作，真的做出了一款"智能送饭机器
人"。几位同学将学到的编程及设计思维等知识与技能全部用上
了。第一代送饭机器人内置循迹传感器，可以检测到地上的黑线，
通过不断校准，保障机器人能沿着黑线行走；还有双重避障系统，
一旦机器人撞到障碍物，触碰传感器就会有所反应，机器人便会
后退一段距离再继续前行。此外，他们还计划在每个班级门口贴
上电子标签，保障机器人可以读取目的地信息……

其中一位 10 岁的女孩对我说了这么一段话："关于创造和创新，
很多同学关注机器人酷酷的外形，觉得整个过程像是在玩一场游
戏，但我们的目的是应用，是为了给送餐的阿姨和学校减轻一些
负担。"

善良也是一种核心竞争力

之所以说人们对"到底还要不要教孩子善良"的发问带有撕裂感，
原因有二。一方面，移动互联和社交网络的蓬勃发展并没有产生
预期的向心力，人心的孤岛效应依旧。反倒是真假难辨的信息洪
流与消费主义的盛行，让人和人性变得更加复杂。

另一方面，国际国内的教育改革形势扑朔迷离，竞争激烈，家长们在教育问题上的焦灼，以及一些社会事件的发生，使更多的负面情绪进一步蔓延并加剧。

除了必要的情绪疏导，所有教育工作者还应该在孩子的学科学习和兴趣发展之外，多投入一些时间与精力，关注、传播与赞许正直、善良等品格。

英国伊顿公学校长曾说："真正的精英教育，除了让孩子获得杰出的成绩，最重要的是让他们学会接纳别人，尊重他人的不同。"

哈佛大学教育学院曾发表了一篇名为《扭转趋势》（*Turning the Tide*）的研究报告，主张大学入学系统应弱化对孩子分数、技能等的考量，更关注学生关怀他人的特质。

而我欣慰地看到，全世界有越来越多的学校把"善良"二字写进了校训。

善良教育的 3 个特征——让孩子懂得边界，不失锋芒，勇于担当，其实也与我国明代思想家和哲学家王阳明所说的"知行合一，心物一体"相呼应。我希望每个孩子都能被这个世界的善良浸润，也希望每个孩子都能建立积极的"善良观"。

敢于质疑才是最大的诚实

不久前，我读了一个非常有趣的小故事，很受触动。回到家，我把这个故事讲给儿子们听，看到他们的思考与反应，再一次深受启发。

犹太女孩的 3 个答案

这个小故事的名字叫作《犹太女孩的 3 个答案》。这是儿童哲学大师杨茂秀先生在众多场合常讲的一个故事。这个故事非常简单，梗概如下。

一位犹太长老只有一个五六岁的女儿。有一天，长老急着出门参加族群的会议，却被女儿拦住，女儿说自己长大后也要像父亲一样当长老。

这位长老笑着对女儿说，国家和族群有规定，当长老的人只能是男人。但女儿不依不饶地说："我就是要当长老嘛！"

这时，父亲对女儿说："我问你一个问题，根据你的回答我就知道你未来有没有可能当上长老！"

父亲的问题是："有一对双胞胎进入烟囱打扫，出来之后，一人脸黑，一人脸白，请问谁会先去洗脸？"

女儿不假思索地说："黑脸啊！"

这位长老父亲失望地摇了摇头说："你不可能当上长老。"然后，他信步就要走出门外。

结果女儿一把抱住他的腿说："是白脸！首先去洗脸的是白脸！"

父亲同样轻轻地摇头，说："这次的答案和上一次相比有进步，你有那么一点点将来当长老的可能性了。"

"只是一点点?"女儿追问,"不是黑脸,不是白脸,那会是谁先去洗脸呢?"

父亲有些生气,说自己要迟到了,同时大步流星地往外走。但被女儿又一次拦住,这次她抱住的是父亲的双腿。这一次,父亲真的动怒了,说:"别闹了,你还有别的答案吗?"

"没有答案了,但我有问题。"

"什么问题?"

"为什么明明是一对双胞胎,从同一个烟囱进去,同一个烟囱出来,一个人的脸变成黑的,一个人的脸变成白的呢?这可能吗?"

这时,父亲蹲下来,抱起女儿说:"你的问题真好!我现在可以告诉你,你拥有当长老的潜能了,你很可能是我们族群的第一位女性长老。"

敢于质疑,学会提问

很简单的一个故事,您看懂了吗?

我们首先来看看，这个故事传递出的信息。

第一次：女儿回答"黑脸"。

多数人可能会这样选，这也可以被称为"标准答案"。因为一般人都认为，黑脸就是脏的，选黑脸，没错。但是，当你的想法与常人无异、没有进一步思考时，成为大人物的概率一定微乎其微。

第二次：女儿回答"白脸"。

与众不同的答案，恭喜你，没有被"常识"绑架。至少有 3 种可能性来推导出这一答案。

第一种可能：烟囱里的灰是白色的，变白的才是被弄脏的。

第二种可能：两个人出来看彼此的脸，看到对方脸黑后马上跑去洗脸，因为他以为自己的脸脏了。

第三种可能：这对双胞胎本身肤色较黑。

不管是哪一种推理，答案都是对的。这种思辨精神很难得，但尚不能断定女儿未来是不是做长老的合适人选。

第三次：女儿反问父亲。

父亲由怒转悦，原因就在于反问本身，敢于质疑问题的假设条件。而这也是这个故事的绝妙之处，因为它一语双关：男女应该平等，都由父母生养，都将为族群做出贡献，为什么只有男人能当长老？这合理吗？

当我们谈论孩子的诚实时，我们到底在谈论什么？就像上面的故事里，无论小女孩回答"黑脸"还是"白脸"，她都是诚实的。但是最好的答案，却来自反问。

敢于质疑，学会提问，才是最大的诚实。

乔布斯曾说，我愿意以我所有的科技换取和苏格拉底相处一个下午。苏格拉底是古希腊哲学家，他的理念用今天的话来说，就是"理性、批判、反思"。

有一本书叫《学会提问：批判性思维指南》，作者是美国伊利诺伊大学心理学博士斯图尔特。他在书中开篇就写道："学会提出好问题，是让世界变得美好的开始。"而拥有批判性思维的人的价值观是：自主性、好奇心、以理服人、谦逊有礼。

我在前文中也分享过，北京大学考试研究院院长秦春华在一次演讲中说道："北京大学宁可招收 5 岁爱提问的孩子，也不愿招收只会埋头考高分的学霸。"这一感慨源于他迷上《西游记》的 5 岁女儿有一天冷不丁地发问："为什么孙悟空看到的是妖怪，唐僧看到的却是孩子、老人和女人呢？"

实用提问四步法

亚里士多德是一个真正诚实并且有信仰的人，他那句著名的"吾爱吾师，吾更爱真理"，其实是在回敬外界对他"背叛"老师柏拉图的指责。

真理也好，真相也罢，都不应该是灌输，更不应该是教化。让孩子去探寻何为真理和真相，学会批判性思维，远比让他们相信所谓的真理和真相要重要一千倍、一万倍。

有人说，世界上第一个提出"批判性思维"概念的人是美国哲学家约翰·杜威（John Dewey）。杜威在《我们如何思考》中将批判性思维称为"反思性思维"（reflective thought）。实际上，中国古代的道德哲学专著《礼记·中庸》所说的"博学之，审问之，慎思之，明辨之，笃行之"就是在讲批判性思维。

批判性思维是一种"保持怀疑"的科学精神：不贸然相信什么，

也不刻意否定什么，而是根据实际情况不断地检测、修正、补充。简单来说，在接受一个观点或相信一个"事实"之前，学会先问：这个观点或"事实"有什么支撑？这些支撑是否合理？

我们常说"童言无忌"，孩子天生富有好奇心。他们也敢于质疑。但这一科学精神，在过往的传统教育里是不被鼓励的。

今天的父母必须转变观念，因为如今社会的价值观鱼龙混杂，虚假信息与拙劣观点层出不穷，若不打开孩子批判性思维的盒子，那么未来他们打开的可能就是潘多拉魔盒。

有关锻炼批判性思维最实用的建议，是引导孩子在与老师或同学进行日常交流时，特别是交流一些有争议或分歧的话题时，多思考或采用"实用提问四步法"。

» 提出问题与质疑，越具体越好。你有哪些疑惑，或者直觉认为不对的地方？试着写下来。

» 了解其他"事实"与观点，哪怕是你难以接受的。角度越多元，才越可能接近真相或做出明智的决定。

» 收集信息，检索资料。不要着急去辩论，先自行思考。同时通过图书馆或互联网尝试寻找能解答你的困惑的"答案"。

» 对比解答，反思收获。相信经过这个过程，结论基本清楚了。如果还有疑惑，可以先向老师提问、寻求帮助，在寻求帮助前，请把探索过程中的收获也写下来。

"实用提问四步法"的理念类似于"六顶思考帽"（Six Thinking Hats）。后者是英国学者爱德华·德波诺（Edward de Bono）博士开发的一种全面思考问题的模型。

孩子们可能刚刚还在寻找 10 个论据以支持自己的一个论点，转眼之间，头上换了一顶不同颜色的帽子后，又要找到 10 个新的论据来反驳自己刚才支持的观点。这是一种提供了"平行思维"的工具，它避免我们将时间浪费在互相争执上，着力寻求一条向前发展的路，而不是争论谁对谁错。

无论老师还是父母，无论在学校还是在家里，我们都可以引导孩子做这样的练习。而我强调让孩子"写下来"，也是希望"实用提问四步法"可以进一步提升孩子的思辨能力。

甄别虚假消息与恶意消息

有些父母可能会说，上述内容引导孩子敢于质疑、学会反问，固然精神可嘉，但问题是，现在互联网上信息繁杂，久而久之，可能会影响整个人的逻辑思维、知识体系甚至价值观。如果我们每天都在面对一个"虚假的世界"，还谈什么让孩子正确地认识世界呢？

是的，对于从小生活在互联网世界的孩子们来说，辨别信息的能力实在太过重要。媒介素养教育就是为了培养人们获取、分析、评价和传播各种信息的能力。欧美许多国家已经把媒介素养纳入中小学必修科目，而在中国，相关的课程及培育还比较少。

英国国家文化教育信托（The National Literacy Trust）曾做过一项名为"假新闻和批判思考"的调查，结果显示：仅有 2% 的英国学生具有识别真假新闻的能力。权威英语词典柯林斯词典在 2017 年把"假新闻"（Fake news）选为年度词汇。

严格来说，"假新闻"和"负面新闻"这些说法本身并不妥当，因为新闻本身应当真实且客观中立。家长们担心的其实是以下 3 种信息对孩子的影响和侵害。

> » 错误信息：张冠李戴般的事实错误，大多为失误或认知偏狭所导致，本身没有蓄意制造伤害。
> » 虚假信息：故意传播假消息，一般为哗众取宠，获取某种利益，可能对他人造成伤害。
> » 恶意信息：触及道德底线，哪怕信息属实，但涉及隐私等，对他人甚至社会带来巨大危害。

前些年有部很热门的电视剧——《我们与恶的距离》，它揭示了一件普通的事情在被恶意歪曲时将如何演变为一场网络暴力。

2020 年全球新冠肺炎疫情期间，上述 3 种信息更是横行甚至泛滥。彼时我邀请资深媒体人、凤凰卫视前采访总监张凌云，为少年商学院的父母与孩子们制作了"疫情给孩子的六堂公民教育课"。这其实也是她在引导自己儿子提升批判性思维与媒介素养时的实践经验。我摘录了其中的一些片段。

> 因为相当一部分人喜欢偷懒，久居网络环境中就容易放松警惕，并渐渐失去独立思考和判断的能力。即使我们知道网络上充斥着各种谣言、猜测、观点和意见，还有海量的图片和视频让人真假难辨，但仍倾向于相信大家都在传播的消息。譬如，与防疫有关的流言导致大众疯狂抢购板蓝根和双黄连，让人瞠目结舌。

> 重大事件发生时，一些人急于知道答案，又缺乏科学精神，所以很容易被一些模糊的信息甚至阴谋论误导。我们经常听到这样的话："谎言重复一千遍就会变成真理。"那么，应该怎么教孩子辨别信息呢？

» 区分事实和观点

区分事实和观点，是提高媒介素养、培养批判性思维的第一步。家长可以用简单的海报明确两者的概念，列举一些关键词，并举例对比说明。

» 追根溯源

家长应该鼓励孩子追根溯源，确认获得的信息是原始素材还是经过了加工的素材。所谓的"有图有真相""眼见为实"这些观念在移动互联网时代已经被彻底淘汰。因为无论图片还是视频，想做些加工都太容易了，甚至视频都可以运用 AI 技术进行换脸操作了。所以，我们看到的到底是不是原始素材？是否经过剪辑加工？图片视频上有没有露出什么明显的破绽？能否显示出真实的地点？用的是不是以前发生在其他地方的影像素材？

» 选择权威媒体

尽量选择全球专业媒体、官方或当事人发布的消息，而且引导孩子学会交叉验证。如果真是一条重要消息，相信不会只有自媒体传播，专业的媒体一定会跟进报道。

» 不做轻信之人

在社交媒体时代，每个人都是传播者，我们的孩子也不例外。所以除了辨别信息时要擦亮眼睛，我们在转发一些还不能确定真实性的信息之前也要三思，不要做谣言的推手。

我和张凌云老师有一个共同的育儿习惯——游戏教养法。因为做了十几年电视新闻，她对画面非常敏感，所以会特别留意一些细节，比如周围环境、人物使用的语言、有没有标志性的建筑等。这个过程很有意思，好像侦探在探案一样。而今天的孩子大都非常喜欢视频类游戏，因此她经常和孩子玩这样的游戏，让孩子在视频或图片中寻找线索和破绽。

譬如，网上有一张图是钟南山院士的建议，这张图是中央电视台《新闻1+1》节目的截图，但图的标题被修图软件改成"饮高度酒对抗冠状病毒"，还有图片和视频被张冠李戴。再比如另一个广为流传的视频，一名外国男子在地铁上摘掉口罩后将口水抹在扶手上。有网友直接加上了字幕，称外国人故意在中国传播病毒。

针对这些信息，父母其实都可以鼓励孩子和自己一起甄别真假。他们是数字时代的原住民，这本来就应该是他们的必修课，也是提升他们公民意识的另一种形式的社会实践课。再说，一起玩这样的游戏还能增进亲子关系。我把它称作"真实世界里的'唐人街探案'"。

除了甄别新闻，在研究广告时也可以把探寻真相变成一场亲子探案游戏，让孩子知道广告与实际产品其实是有区别的。这也是媒介素养的一部分。毕竟，我们今天被无数的广告笼罩甚至裹挟，防不胜防。

譬如，你可以把广告静音，只通过视觉效果，比赛谁能猜到广告中宣传的到底是什么产品；又如，针对广告里说的一些"疗效"

或信息，引导孩子去检索和复查，我们都知道"王海打假"，事实上打假意识最应该从少年时代开始培养；又如，可以和孩子探讨关于明星代言的话题："明星真的认可自己代言的产品吗？"

努力不失信于孩子，孩子才可能诚实并相信我们

为了提升学生的批判性思维，华盛顿大学开设了一门特别的课程——"抵制狗屁课"（Calling Bullshit in the Age of Big Data），课程名字可以理解为"在这个大数据时代，分辨并驳斥狗屁"。

一听到这个名字，你可能会好奇：什么是"狗屁"？授课教授卡尔·博格斯特罗姆（Carl T. Bergstrom）是这样定义狗屁的：狗屁是指公然罔顾事实和逻辑的语言、统计数据、图表以及其他呈现方式，它们的目的是让受众留下深刻印象并且难以抗拒。

无独有偶。复旦大学受此启发，也开设了几乎同款的"抵制狗屁课"。课程由数学科学学院教授楼红卫组织开设，生命科学学院教授卢大儒命名，来自文、理、工、医不同学科的 12 位教授走上讲台，通过 17 个专题，向学生们阐述什么是伪科学。卢大儒的专题之一是，天赋基因检测靠谱吗？

我期待有更多的大中小学、社会机构，以及父母们，能够在帮助孩子探寻真相这件事情上做出行动。只有我们努力构建一个不失信于孩子的世界，孩子才可能做到真正的善良、诚实并相信我们。

美国国家科学院院长玛西娅·麦克纳特（Marcia McNutt）曾在波士顿大学毕业典礼上说："你们的选择将对身边的人以及后世产生深远的影响，你们决定了自己的子孙将生活在一个怎样的世界。我呼吁你们以事实真相为准则做出每一个决定。"

在日常生活中，老师和父母也要尽一切可能以身作则。《曾子杀彘》讲了这样一则故事：曾子的妻子去赶集，她的孩子在后面没完没了地哭，哭得她很崩溃了，于是她随口应付小孩："你先回家，等娘回去杀猪给你吃。"

曾子妻子从集市回来，正撞见曾子捆了家中的肥猪要杀，不免大惊："我只不过和孩子开个玩笑，你还当真？"

曾子说："家长不可以和小孩子乱开玩笑。他们平时都在学习和模仿父母的言行。如果你欺骗了他，就是在教育他欺骗别人。母亲欺骗儿子，儿子就不再相信母亲，以后你还怎么教育孩子？"

小贴士   **中美学生责任担当与道德要求**

在《中国学生发展核心素养》框架中，"责任担当"作为六大素养之一，包括社会责任、国家认同与国际理解。它对于"社会责任"的描述是：自尊自律、诚信友善、热心公益；能明辨是非，对自我和他人负责；热爱并尊重自然；崇尚自由平等，具有规则与法治意识，能维护社会公平正义等。

在美国 MTC 八大能力的决策能力中，有一项为道德决策（Ethical Decision-Making），它是指同情心与同理心、诚实正直、尊重他人并关注他人福祉，敢于对抗不公，了解新媒体技术造成的道德问题与困境，面对复杂的问题能做出兼顾理性与道德的决策。

幸福就是立足成为真实而完整的人

教育的核心是培养健全人格。所谓健全人格须包括：私德为立身之本，公德为服务社会国家之本；人生所必需之知识技能；强健活泼之体格；优美和乐之感情。

——陶行知
中国近代教育家、思想家

"新式学霸"的 3 大特征

2020 年疫情之前，每年中国高考成绩放榜之后，一些省市拔尖的超级学霸们会被组织起来，到英国、美国、德国等国的著名学府或研究机构进行交流。有一年，陪同新一届的学子们一起去交流的一位老师回来后对我说："现在的优秀孩子真是和以前大不相同，甚至完全不同了！"

我问她："根本的不同是什么？""'学习机器'的时代一去不复返了！"她说。她指的是这些学生的特质，与 20 年前、30 年前的对比。

出于职业病与好奇心，我整理了一份关于过去 4 年（2017—2020 年）各省市及自治区官方公布的高考成绩优异的学生表单，然后逐一检索他们接受媒体采访后的相关报道，以及他们自己在互联网上留下的痕迹，同时也让我的同事选取了一些样本，找到联系方式并进行了访谈。

结果让我大吃一惊。因为在他们当中，并没有看到几例"头悬梁，锥刺股"、夜夜苦读的"书呆子"，更多的是拥有极广的知识面，以及拥有自主学习、善于提问、兴趣广泛、乐观向上和积极参与课外实践活动等特征的全面发展型人才。

总结起来，这些学生大都有以下 3 大特征。

酷爱阅读，海量阅读

72.5% 的超级学霸都提及从小广泛阅读的益处。譬如华中师范大学第一附属中学的文科学霸肖和，其中考成绩并不出色，但在 2019 年高考中取得了湖北省文科第一的好成绩。这个旁人眼中的"黑马"，却是班主任顾老师眼中的理所当然，原因就是肖和"阅读量之大，一般人难以比肩"。

因在《中国诗词大会》中的出色表现而被称为"国民才女"的武

亦姝，也是 2019 年高考上海地区理科学霸，她后来进入了以通识教育为核心的清华大学新雅书院。而就在高中毕业前夕，武亦姝还为母校复旦大学附属中学填词创作了一首《红墙边》。再如 2017 年高考湖北省学霸王雷捷，他说酷爱阅读是他们家的"传统和家规"。他的高考作文引用了泰戈尔的一句诗："旅途尽头，星辰降生。"

善于提问，关注时事

93% 以上的学霸都拥有极强的学习力，而他们的学习力来自好的学习方法与善于提问。甘肃省理科学霸肖智文称，他一直非常警惕，避免陷入"刷题"的"死循环"。天津市学霸王雨菲称自己最喜欢问"为什么"，不断提问，和老师探讨，并把"为什么"转化成自己的知识与技能。

尽管关注时事是高中生的"必修课"，但是一半以上的学霸称自己关注时事并非仅仅因为高考需要。比如湖北省文科学霸范筱雨同学持续关注《新闻周刊》《中国青年报》；陕西省文科学霸向远方称自己"一有空就找新闻来看"……

兴趣广泛，注重实践

78% 以上的学霸声称自己有两项以上深爱的兴趣。2019 年高考广西第一名杨晨煜，在高考中取得数学、英语双满分的好成绩。他的妈妈在接受采访时称"他从小喜欢看纪录片，对科研也很感兴趣"。 安徽省文科学霸潘宇昂同学是学校模拟联合国主席，还喜欢读书、弹吉他、练书法。 2020 年被北京大学录取的甘肃省理科学霸胡明源则称，他的最爱是武侠小说和打游戏，"好在我的自制力还可以。"他笑着说。

福建理科学霸陈汜玄说："一个人的高中，不能只有课本。"除了参加美式辩论赛、中学生精英峰会、学生会，他还参与诗社并组织拍摄微电影等。湖南文科学霸雷咏荃除了喜欢弹钢琴、演讲、主持，还喜欢唱歌、看电影，并且参加过信息学奥林匹克竞赛……

中国的"T 型少年"在路上

除了上述 3 大特征，这些学霸大多还是时间管理高手与社交达人。这两者其实互为促进——学习自驱力强的同学在时间管理方面效率会更高，这便能让其有时间参加更多的课外活动及社交；而在课外活动与社交中认识更多优秀的同龄人，反过来又会进一步促进他们自身的学习。

我们在第 1 章谈到通识教育时，讲到中国父母与教育工作者应该致力于培养 "T 型少年"——既有知识广度，又有思维深度；既会跨学科思考，又会解决问题；既能开放协作，又能自我突破。毫无疑问，从某种程度上讲，上述"新式学霸"们也是 T 型少年的代表。

事实上，以少年商学院的校友与学员为例，刚开始的三四年，在选择我们的孩子中，有 82.2% 的孩子都有出国留学的打算；而最近三四年，以普通公立学校为主、基本会走国内升学路线的孩子，与有留学打算的孩子的比例，几乎平分秋色。

这一方面源于综合素质评价正在纳入高考改革，综合实践课成为必修课，以及《中国学生发展核心素养》出台等政策因素，另一方面，则与新一代的家长思想越来越新潮、视野越来越开阔息息相关。

即使教育改革可能面临阵痛，但只要方向是对的，就要义无反顾，只是要在过程中做技术性修正，特别是要关注教育公平。即使有非常多符合 T 型少年特征的孩子，通过高考未能如愿进入自己理想的大学，但如果拥有并保持这些品质，这些孩子未来在社会上依然有更高的概率脱颖而出。

对孩子 10 年后的期待

如果有人问："你是想让孩子追求满意的分数，还是希望他拥有幸福的人生？"

答案不言而喻。

那么，在朝着幸福人生的方向上，父母到底应该如何引导孩子？

其实，本书的前 8 章就是答卷。做有根的"全球公民"、阅读力与表达力、信息技术与数理能力、适应性与探索力、分析与创造力、领导力与团队合作力、心智习惯、善良与诚实——全面、系统地提升孩子的这些素养，就是培养他们的终身学习力（见图 9-1），并奠定他们"赢在未来"的基础。

图 9-1　"世界课堂"的 8 大能力维度

这 8 大素养是我归纳的"世界课堂"的 8 大能力维度，它既对标美国 MTC 联盟的评价体系，又契合中国学生发展核心素养的框架，特别是契合中国国情与中国学生的特质。在培养孩子面向未来的核心竞争力这件事上，中外的教育方式其实异曲同工。

简而言之，如果你的孩子现在 8 岁，那么 10 年后上大学时，他应当成为一个在知识、能力和品格三方面都齐头并进的人；这样，他便真正拥有了获得幸福人生的力量与自信。

这也是全人教育的真谛。教育的目的是培养完整的人（Whole Man），并激发每个人主动支配而不是被动接受自己人生的潜能。

我于 2013 年创办少年商学院，秉承的正是全人教育理念。在本书序言里，我也曾向大家展示了"全人教育冰山模型"。

> » 冰山之上，是知识体系，结出学科思维的硕果。
> » 冰山之下，是核心能力，打下综合素养的根基。
> » 冰山底层，是全人品格，立足真实而完整的人。

有很多父母因孩子的教育问题而感到十分焦虑，究其原因，他们的焦虑主要来自以下两个方面：一是过分追求冰山之上的东西，并且还只是冰山一角，比如只关注语、数、英等应试学科；二是没有意识到或者有意忽视冰山之下的东西，而那才是决定孩子未来真正能走多远的关键因素。

相比欧美地区的孩子，中国孩子从来不缺乏学习自驱力与创新自信力，缺乏的可能只是留白的空间和展示的舞台。而今天，更多的父母及教育工作者的认知在觉醒，并做到了知行合一。

让孩子成为追求幸福的主人

在我看来，幸福就是立足成为真实而完整的人。所谓真实而完整，简单来说，就是"品行与美德至上"——品行重于能力，能力重于成绩。

在心理学经典著作《真实的幸福》中，"积极心理心之父"马丁·塞利格曼（Martin Seligman）称，一个人要获得真正持久的幸福感，最重要的就是发现和了解自己的优势与美德，并反复在生活中实践。他说，几千年来，几乎所有文化都拥有相同的6种美德，即智慧、勇气、仁慈、正义、节制、精神卓越。

从边界感的角度来讲，在支持孩子学习、成长和追求幸福的过程中，有两件事情是所有家长及教育工作者应当重点攻克或终其一生研究的"课题"：第一，让世界成为孩子的课堂；第二，让孩子成为幸福的主人。

"让世界成为孩子的课堂"可以激发孩子从更广阔的视野，找到自己真正的兴趣爱好、目标甚至使命；"让孩子成为幸福的主人"旨在引导孩子关注自己真正的内心感受，过上属于自己的人生。

之所以说孩子的学习、成长和追求幸福与"边界"有关，是因为凡事平衡感最重要。对孩子陪伴太少并缺席孩子成长的重要时刻（可称作"无人机式父母"）自然不可取——10年后，如果孩子升学填报志愿时依然不知道自己喜欢什么将是一件可悲的事。但是包办孩子的一切甚至把育儿当作职业同样不可取（可称作"除草机式父母"）——给孩子过高的期待与无微不至的关怀是今天非常多青少年出现抑郁倾向的重要原因，"完美"的童年可能会剥夺他们成年后的幸福感。

孩子不是我们的作品，更不是我们的"工艺品"。一般而言，在上述两件事情上，优秀的家庭具有以下4个特征。

> » 相互平等：父母和孩子对彼此的付出是平等的。当孩子有需要时，父母积极回应，及时牵手，适时放手。

» **自在交流**：家里没有冷暴力，所有家庭成员都能自在地聊天，安全地表达情绪。

» **和谐大于冲突**：虽然冲突不可避免，但家庭氛围以和睦开心、积极向上为主。

» **不压抑情绪**：家庭的情绪氛围是自然的、温暖的，每位家庭成员都发自内心地想回家。

这 4 个特征其实都是在讲一个"爱"字。但爱应该是良性的爱，健康的爱，没有压力的爱，向往幸福的爱。

真心希望每一个孩子都能成为自己真正想成为的人，且每一位父母、教育工作者也都能成为更好的自己，与孩子肩并肩，一起享受人生中的挑战与幸福时光。

后 记

面对面，肩并肩

一

2018年3月，斯坦福大学教育学院院长丹尼尔·施瓦茨（Daniel Schwartz）教授带着他的新书《科学学习》来到中国，我们对他做了一场访谈和交流。交流结束时，他总结道："孩子们的创造力和看待世界的态度，是未来的核心竞争力。"他也鼓励我们："很欣慰少年商学院借助设计思维，使中国少年有机会成为各领域的创造者与先行者。"

这离斯坦福大学设计学院创办人在硅谷给我们书面授权并说"我愿意竭力帮助少年商学院获得成功"，过去了整整4年。

2014 年 3 月，创业 100 天左右时，我和我的搭档——毕业于加州大学伯克利分校并曾在硅谷中学任教的 Evan 老师分别去了一个地方，去投石问路、拜师求教。我去的是哈佛大学，我想问的路是："如何针对青少年开展通识教育？" Evan 去的是斯坦福大学，他想求教的是："可否以及如何将设计思维运用于中国孩子的创造力提升？"

这正是我们在本书开头及结尾都提到的"T 型少年"之发端。如果说我寻找的是 T 字的那一横，那么 Evan 寻找的就是 T 字的那一竖。我们将理念与方法融合在一起并进行本土化改造，即拓展孩子知识的广度与思维的深度，这也是少年商学院创新旅程真正的起点。

创新创业有时需要"无知者无畏"的精神。我们当时是十足的理想主义者，看到斯坦福大学在线高中 OHS 和"未来大学" Minerva 的创办，想在中国也创办一所适合中国学生的新型国际化学校——结合线上教学与线下实践，打破地域限制，以通识教育与设计思维为内核，培养孩子面向未来的核心竞争力。

前路并不平坦，好在我们的恒毅力尚可。另一位负责技术开发的合伙人 Allen 随即加入后，我们仨勇往直前，只争朝夕。在短短几年的时间里，我们构建起商业领导力、设计思维、TED 式演讲、数学思维与哲学思维五大主题的线上学校，同时邀请到全球50位年轻教授，为中国孩子定制出一套世界名校通识课（少年知识星球）。

斯坦福大学教育学院院长来中国时，我们给他看了一样东西——一部学生创造力作品集：来自中国从一二三线城市到四五六线乡镇的孩子，在参加完少年商学院线上学校的直播课后，线下实践解决问题的成果。他连连称道："Amazing！"（哇！棒极了！）

二

我于2013年年底创办少年商学院的内在动机与契机是，我的二儿子在那一年出生。给两个孩子当爹，我深感压力巨大，要学习的东西更多。而我留意或关注到，身边的一些优秀父母以及我采访的一些成功人士都在做一件事：在日常生活中，用心培养孩子的领导力、批判性思维、公共表达等综合能力，以及公益创新等一些优秀品格。

令我印象最深刻的是时任乐高集团CEO的约恩·维格·克努德斯托（Jorgen Vig Kandstorp）先生。我在他那位于丹麦小镇比隆德的狭小的办公室采访了他近4小时。那是我在《南方周末》

做财经人物报道记者的最后一段时光，我采访他的主题是丹麦首富的成长路径、乐高文化的秘诀以及未来在中国的发展战略等。但是采访的后半部分，准确来说超过一半的采访时间，我们都在聊教育，聊育儿。他把"T型人才"视为培养孩子的方向，而他自己也正是这样的人。

那段时间，我还接触了不少二胎家庭。好几位妈妈语重心长地说："不能让老二重蹈老大的覆辙了！"她们的老大大多在海外留学，有的读高中，有的读大学，上的几乎都是名校。但是情况并不乐观，原因是"不合群"。中国孩子在留学前两年开始做准备，托福和雅思大部分都能考高分，履历看起来也不错。但是，他们从小到大在领导力和批判性思维等方面的培养路径，毕竟与国外孩子有所不同。留学是新开始，而不是终点。基于这些调研，我在内心种下了创业的种子。

为了学习怎么做爸爸，我那时还注册了一个微信公众号，就叫"少年商学院"。对这个名字情有独钟，是因为 2008 年胡润做富豪榜十周年时，吴晓波老师邀请他出本书，因为胡润记录了中国富豪的崛起与沉浮。吴老师邀请我来执笔与胡润合作，于是我们合作出版了《胡润百富榜：中国富豪这十年》一书。合作期间，我萌生和胡润一起做"少年商学院"的想法，那时的方向类似"富三代领导力俱乐部"，没想到那一年遭遇全球金融危机，计划被搁浅。5 年之后，我正式成立少年商学院时，探索方向已变成：即使孩子从小在国内，如何随时随地获得全世界优质的创新教育资源？公众号上分享的内容是我的个人学习笔记，没想到应者云集，促使我斗胆在 2013 年年底正式创业。

三

有一本书叫《创业维艰》，只听书名就引发了非常多创业者的共鸣。少年商学院创办至今，从外界看，似乎一路顺风顺水——创新课程入驻北京史家小学、府学胡同小学、呼家楼中心小学及上海青浦平和双语学校等知名学校，承担教育部课题，此外还与宝洁工会、腾讯理财通、德国博世及众多银行展开跨界合作，并被行业媒体称为"在线国际素质教育领头羊""线上与线下相结合开展综合实践课的互联网＋教育项目典范"等。然而，只有我们自己知道，这一路走来实属不易。

其中原因之一是，做的事情太新甚至说太超前了，在国内连参照者都没有，所以从课程到技术产品，再到运营与服务等，都需要摸着石头过河，不断试错、迭代，不断失败后再爬起来；另外，尽管素质教育与应试教育从来都不是对立的，但是我们的竞争意识太强，一旦孩子学习成绩有些许下滑，许多人就归因于选择了素质教育项目而导致的精力分散。这其实是本末倒置了。但是在一个喧闹的环境里，没有人听你解释。新生事物教育市场可能是容易的，但也可能是最难的。与此同时，如果你发展得太慢，你好不容易招揽的优秀人才也可能会离你而去。

但我始终坚信一点：如果方向对了，慢就是快。有两位杰出人士的话一直激励着我。一位是黑石集团创始人之一的苏世民，他说："做大事和做小事的难度是一样的，两者都会消耗你的时间和精力，所以如果决心做事，就要做大事，要确保你的梦想值得追求，未来的收获可以配得上你的努力。"另一位是英国前首相丘吉尔，他在至暗时刻曾说："没有最终的成功，也没有绝对的失败，最可贵的是矢志不渝继续前进的勇气。"

到今天，少年商学院累计付费学员已经超过 30 万人。

四

父母是孩子的长板，也是短板。尽管知易行难，但因如此，"终身学习"这些年渐渐成为一个热门话题。少年商学院于 2020 年还专门成立了智慧父母学院，就是希望与有远见的父母一起终身成长。我在成立仪式提到了 8 个字——重启天赋、二次生命。

重启天赋是指，我们用科学的方法引导孩子找到自己真正的兴趣，打开学习自驱力与创新自信力的阀门。天赋也不是指狭义的琴棋书画——如果一个性格内向的孩子喜欢思考，哲思或许正是他的天赋。二次生命是指，当我们用心陪伴孩子，当我们蹲下来从孩子的角度看世界，我们将收获完全不同的心流体验，这种体验有时犹如我们被赋予了新生一样。

莫言说："没有天生的成功父母，也没有不需要学习的父母。"和求知欲强的智慧型父母在一起，让我们今天内心丰盈，再也没有孤单的感觉。同时，越来越多的人，加入创新教育的行列，我们就像一束又一束光，簇拥着彼此。有的心有灵犀，有的已经展开合作；与此同时，越来越多的学校校长和管理者，以及一些年轻的教育工作者，也在积极推进合作与融合。这一切都令人欣慰。

在美国教育创新先锋泰德·丁特史密斯（Ted Dintersmith）所著的畅销书《未来的学校》中文版出版时，出版社邀请我做推荐，推荐者还有中国 PDC 教育联盟发起人、北京呼家楼中心小学马骏校长。她在序言的开篇即分享了学校与少年商学院合作创变的案例。如果说泰德的《未来的学校》是一本美国案例集，那么我写作《世界是我们的课堂》，就是希望这本书能成为中国创新教育实践手册之一。

由于能力有限，所以瑕疵与不足在所难免，真切地希望广大读者能多提建议与意见。在全文写作完结之际，也容我对支持和帮助我的人说一声"感谢"。

首先谢谢过去 7 年多来，所有帮助和支持少年商学院和我的朋友们，特别是少年商学院的学员家庭和合作学校的校长们，你们的选择和信任，是我前行最大的动力；同时感谢少年商学院的顾问和投资人朋友们；感谢教育界的相关人士，是你们与我分享的许多信息，让我更加了解中国公立教育系统并积极探索连接点。

谢谢我的两位合伙人 Evan 和 Allen，这些年无论高歌时还是低潮期，是你们的不离不弃让我觉得这样的创业是一趟旅程，而不是一场竞赛；谢谢我的助理李小婵和少年商学院新媒体编辑陈灿煌与莫锦珍；感谢少年商学院现在的小伙伴们和已经离职的小伙伴们，是你们和我一起肩并肩，创造了今天的这一切，帮助中国的一些孩子找到了学习自驱力与创新自信力，做出了一点点令人欣慰的成绩；感谢我的出版策划顾问张慧芳，以及出版人——人民邮电出版社智元微库的张渝涓、刘艳静、郑连娟等老师，是你们的认可和鼓励，认真细致以及加班加点，让我的这本书能够早一点、好一点地到达读者的手中。

最后要感谢父母与家人，特别是我的太太湘湘。结婚 14 载，无论当年做记者还是如今创业做教育，没有你的鼎力相助和深情鼓励，我可能中途已经放弃了好几次。创作本书的过程中，你为了给我连贯写作的安静空间，在小长假一个人带着 3 个孩子回了娘家。你是全天下最给力、内心最强大的太太和妈妈；也感谢儿子小报、佑佑和多多，你们带给我太多的欢乐，也给了我"第二生命"，让我换个视角打量这个世界，并在追求和实现人生使命的这条路上更加笃定。

2021 年 4 月 6 日晚于广州